JN074197

公益社団法人全国経理教育協会 主催
文部科学省・日本簿記学会 後援

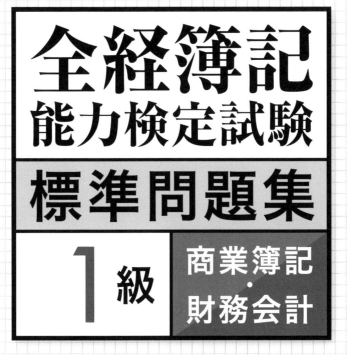

全経簿記
能力検定試験

標準問題集

1級 商業簿記・財務会計

佐藤信彦［監修］　小野正芳［編著］

中央経済社

（執筆者一覧）

小野　正芳（日本大学教授）　　　　　　　1，2，28

島永　和幸（神戸学院大学教授）　　　　　3，5，6，19，20

五十川　陽（千葉経済大学准教授）　　　　4，7〜10

市川　紀子（駿河台大学教授）　　　　　　11，12，21，22，27

井奈波　晃（広島修道大学准教授）　　　　13〜15，24，25

青木　孝暢（白鷗大学准教授）　　　　　　16〜18，23，26

監修者序

　公益社団法人全国経理教育協会簿記能力検定試験制度は1956年10月14日に開始され，受験者数累計で1,243万人の受験実績を持つ伝統ある検定試験であるが，試験科目名の変更とネット試験（CBT）の導入の2点で2024年度に大きく変わることになった。

　1つ目の試験科目名の変更では，上級及び1級の科目名称が「会計学」は「財務会計」に，「工業簿記」は「原価計算」に，「原価計算」は「管理会計」に変更されたが，これは，ビジネスの発展及び学問の進歩に合わせて変化した出題内容と試験科目名とが合わなくなっていたので，出題内容に合わせるために実行された変更である。

　2つ目のネット試験の導入は，当面は3級と2級に導入されるものであるが，これまで年4回に制限されていた受験機会を何度でも受験可能にすることで，受験生及び指導を行う教員の方の利便性を高めるための変更である。受験生にとっての利便性は説明を要しないであろうが，指導者にとっては，指導の成果（学生の習熟度）を確認する機会が常にあるという点が注目されるのである。もちろん実施者である全国経理教育協会並びに出題者にとっては，負担が重くなることは否めないが，それでも，実施しなければならない責務が存在する。それは，この検定試験には，同協会の会員である専門学校等における教育成果としての「学生の習熟度」を確認するためのものであるという存在意義があるからである。

　ところが，各教育機関における教育を前提とするがゆえに，その教材に関しては，これまでは各教育機関に任され，検定試験受のために標準となるものがほとんどない状況がある。そこで，その不足を補うという目的をもって企画されたのが，本問題集シリーズである。

　この問題集が，受験生やその指導者など多くの関係者の簿記学習と指導にとって役立つことを期待するしだいである。

監修者　佐藤信彦

編著者はじめに
―繰り返し演習しよう！―

（本書の紹介と１級の勉強の仕方）

　本書は，全国経理教育協会簿記能力検定試験１級の問題集である。すでに全経１級のテキストを使って勉強を進めていて，問題演習を通じて，さらにその知識を確かなものにしたい方に向けて作成した問題集である。

　１級の範囲は大会社の経理（そのうち基礎的な部分が中心）を想定したものとなっている。つまり，１級の学習を終えれば，中小会社はもちろん，大会社での簿記実務・会計情報の利用にも対応できる能力を獲得できる。

　それだけ価値のある知識を手に入れるためには理論的な理解はもちろんのこと，実践的な理解がとても重要である。

　簿記の世界には「習うより慣れろ」という言葉がある。しかし，これは，「ただ単に，何度も何度も問題演習を繰り返せ！」という意味ではない。その論点の本質を突いた的確な練習問題を，自ら手を動かして（電卓をたたいて）計算し，仕訳や数値等を解答することで，その計算や仕訳の必然性・必要性が理解できるようになるという意味である。教科書に書いてあることを単に読むだけでは，理解した気になっているだけであり，それでは応用問題はおろか，類似問題ですら，正答を導き出すことは難しいであろう。

　そのためには，「論点の本質を突いた的確な練習問題」が必要であるが，本書は，そのような問題を提供するために編まれたものである。簿記は自ら計算し仕訳することが特に重要な学問・実務であるから，その点をしっかり認識して学習を続けてほしい。

（本書の構成と使い方）

　本書は28のユニットからなる。

　ユニット１〜24は個々の項目を扱っており，冒頭に「Summary（まとめ）」を示したうえで，関連する個別問題を収録している。

　ユニット25〜28は総合問題である。ユニット25では理論問題の総合問題を，ユニット26・27では財務諸表作成問題（総合問題）を，ユニット28で

は実際の検定試験の形式を模した模擬問題を提供している。

　これを踏まえて，以下のような使い方が想定される。

1．Summaryで基礎知識のチェック

　最初に基礎知識をチェックしよう。各ユニットの冒頭の「Summary」に，そのユニットの要点を簡単にまとめている。テキストで学んだ基礎知識が頭の中にインプットされているか確認してみよう。もし，漏れがあるようだったら，テキストを見直し，改めて基礎知識の確認をしてほしい。

2．個別項目の問題演習

　基礎知識を確認したら，実際に問題を解いてみよう。本書は全経簿記1級の過去問題をベースに作成しているので，実際の検定試験での出題形式や問題文の言い回しなどにも慣れることができるよう工夫している。本問題集で7割以上の正解ができるようになれば，合格圏内に十分到達できるであろう。

　なお，解答用紙は何度もダウンロード可能である。間違えてしまった問題，なんとなく解けたけれども再度解ける自信がない問題は繰り返し解いて，理解を深めよう。

3．仕上げに総合問題・模擬問題で最終チェック

　総合問題を解いて全経1級の範囲の知識が身についたかどうか，そして，模擬問題を解いて時間内に解答できるかどうかを確認してみよう。特に模擬問題は，全経1級の内容を全体的に理解しているか，試験時間内に解ける実力が付いたかといった点を確認してほしい。さらに実践力を付けるために，過去問題集にチャレンジするのもいいだろう。

　本書が皆さんの合格に貢献できることを切に願っている。

2024年2月

編著者　小野正芳

全経簿記能力検定試験の概要と1級商業簿記・財務会計の出題基準等

1．検定試験の概要

① 受験資格を制限しない（男女の別，年齢，学歴，国籍等の制限なく誰でも受けられる）。

② ペーパー試験は年間4回行い，その日時及び場所は施行のつどこれを定める（ただし上級の試験は毎年2回とする）。ネット試験（当面，2・3級）は随時受験可能。

③ 各級の科目及び制限時間は以下のとおり。

上級	商業簿記／財務会計	1時間30分
	原価計算／管理会計	1時間30分
1級	商業簿記・財務会計	1時間30分
	原価計算・管理会計	1時間30分
2級	商業簿記	1時間30分
	工業簿記	1時間30分
3級	商業簿記	1時間30分
基礎簿記会計		1時間30分

④ 検定試験は各級とも1科目100点を満点とし，全科目得点70点以上を合格とする。ただし，上級は各科目の得点が40点以上で全4科目の合計得点が280点以上を合格とする。

⑤ 1級の商業簿記・財務会計と原価計算・管理会計，2級の商業簿記と工業簿記はそれぞれ単独の受験が可能である。

⑥ その他試験の詳細は主催者である公益社団法人 全国経理教育協会のホームページ（https://www.zenkei.or.jp/exam/bookkeeping）を参照いただきたい。

2. 「1級商業簿記・財務会計」の出題基準と標準勘定科目

- **出題基準**

   大規模株式会社

- **出題理念および合格者の能力**

   ① 会社法による株式会社のなかで商業を前提とし，主たる営業活動のみならず，財務活動や投資活動など，全般的に管理するために必要な簿記及び財務会計に関する基本的な事柄を理解できる。

   ② 大会社の経理・財務担当者ないし経営管理者として計数の観点から管理するための会計情報を作成及び利用できる。連結財務諸表については，会計人として初歩的知識を保有する。

- **標準勘定科目**（基礎簿記会計，3級，2級以外を例示）

資 産 勘 定	別 段 預 金	外貨建売掛金	割 賦 売 掛 金	工事未収入金	積 送 品
試 用 品	未 着 品	半 成 工 事	未収還付法人税等	貸 付 有 価 証 券	差 入 有 価 証 券
保 管 有 価 証 券	貯 蔵 品	繰延税金資産	構 築 物	の れ ん	特 許 権
借 地 権	商 標 権	実用新案権	意 匠 権	鉱 業 権	ソフトウェア
ソフトウェア仮勘定	満期保有目的債券	その他有価証券	子 会 社 株 式	関連会社株式	長期前払費用
出 資 金	繰 延 創 立 費	繰 延 開 業 費	繰延株式交付費	繰延社債発行費(等)	繰 延 開 発 費
負 債 勘 定	外貨建買掛金	工 事 未 払 金	役 員 預 り 金	未払中間配当金	借 入 有 価 証 券
預 り 有 価 証 券	繰延税金負債	商 品 券	保 証 債 務	債務保証損失引当金	長 期 未 払 金
社 債	退職給付引当金	資産除去債務	**純資産(資本)勘定**	新株式申込証拠金	その他資本剰余金
資本金及び資本準備金減少差益	減 債 積 立 金	固定資産圧縮積立金	税法上の積立金	その他有価証券評価差額金	非支配株主持分
収 益 勘 定	工 事 収 益	仕 入 割 引	有価証券利息	保証債務取崩益	投資有価証券売却益
負ののれん発生益	保 険 差 益	国庫補助金受贈益	建設助成金受贈益	工事負担金受贈益	還付法人税等
費 用 勘 定	売 上 原 価	工 事 原 価	退職給付費用	の れ ん 償 却	特 許 権 償 却
商 標 権 償 却	実用新案権償却	意 匠 権 償 却	鉱 業 権 償 却	ソフトウェア償却	開 発 費
開 発 費 償 却	社 債 利 息	社債発行費(等)	保証債務費用	創 立 費 償 却	開 業 費 償 却
株式交付費償却	社債発行費(等)償却	固定資産除却損	火 災 損 失	減 損 損 失	子会社株式評価損
投資有価証券売却損	○ ○ 圧 縮 損	追徴法人税等	**その他の勘定**	○ ○ 未 決 算	閉 鎖 残 高
開 始 残 高	為 替 差 損 益				

※ 「その他の勘定」に含まれている項目の一部は，他の区分に計上される可能性あり。

問題

☑ 解答する際は，中央経済社・ビジネス専門書オンライン
（biz-book.jp）から解答用紙をダウンロードして，実際に
書き込みましょう。

☑ 簿記をマスターするコツは，「繰り返し解く」ことです。問
題を見たらすぐに解答が思い浮かぶくらいになるまで繰り
返し解きましょう。

☑ 計算ミスの多くは，問題の意図を理解できていないことが
原因です。問題を解く際は，何が問われているかをしっか
り考えて解きましょう。

01

簿記一巡の手続き
（英米式決算法）

Summary

1 収益・費用の各勘定残高を損益勘定へ振り替え，締め切る。

2 損益勘定の残高（当期純損益）を繰越利益剰余金勘定へ振り替える。

3 資産・負債・純資産の各勘定を締め切る（次期繰越）。資産・負債・純資産の締め切りに関する仕訳は必要ない。

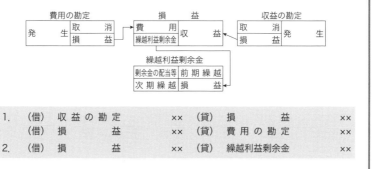

1.	（借）	収 益 の 勘 定	××	（貸）	損　　　　益	××
	（借）	損　　　　益	××	（貸）	費 用 の 勘 定	××
2.	（借）	損　　　　益	××	（貸）	繰越利益剰余金	××

□□ **問題1** 埼玉株式会社における決算整理後の勘定残高は，以下のとおりであった（この他に勘定残高はなく，売上・仕入はすべて掛けで行っている）。

英米式決算法を採用している場合に必要な決算振替仕訳を示し，解答用紙に示した勘定を締め切りなさい（単位：円）。なお，会計期間はX1年4月1日からX2年3月31日までの1年間である。

当 座 預 金	348,000	売 掛 金	各自算定
商　　　　品	85,000	買 掛 金	267,000
資 本 金	150,000	利 益 準 備 金	50,000

繰越利益剰余金	79,000	売 上	各自算定
売 上 原 価	663,000		

□□ 問題 2 　問題 1 において，解答用紙に示した勘定について，X 2 年 4 月 1 日の開始記入を行いなさい。

□□ 問題 3 　千葉株式会社における決算整理後の勘定残高は，以下のとおりであった（この他に勘定残高はなく，売上・仕入はすべて掛けで行っている）。

英米式決算法を採用している場合に必要な決算振替仕訳を示し，解答用紙に示した勘定を締め切りなさい（単位：円）。なお，会計期間は X 1 年 4 月 1 日から X 2 年 3 月31日までの 1 年間である。

当 座 預 金	132,000	売 掛 金	116,000
繰 越 商 品	56,000	買 掛 金	各自算定
資 本 金	120,000	利 益 準 備 金	30,000
繰越利益剰余金	61,000	売 上	348,000
仕 入	各自算定		

□□ 問題 4 　問題 3 において，解答用紙に示した勘定について，X 2 年 4 月 1 日の開始記入を行いなさい。

解答・解説

問題 1 ....

借方科目	金額	貸方科目	金額
売　　　　上	754,000	損　　　　益	754,000
損　　　　益	663,000	売　上　原　価	663,000
損　　　　益	91,000	繰越利益剰余金	91,000

売　掛　金

4/1	前 期 繰 越	40,000	△/△	売	上	(	38,000)
×/×	売　　上	(792,000)	□/□	普 通 預 金			590,000
			〃	(次 期 繰 越)		(	204,000)
		(832,000)				(	832,000)

売　　上

△/△	(売 掛 金)	38,000	×/×	(売 掛 金)		792,000
3/31	(損 益)	(754,000)				
		792,000				792,000

損　　益

3/31	(売 上 原 価)	(663,000)	3/31	(売 上)	(754,000)
	〃 (繰越利益剰余金)	(91,000)			
		(754,000)			(754,000)

繰越利益剰余金

6/28	未 払 配 当 金	80,000	4/1	前 期 繰 越	167,000
	〃 利 益 準 備 金	8,000	3/31	(損 益)	(91,000)
3/31	(**次 期 繰 越**)	(170,000)			
		(258,000)			(258,000)

問題 2

仕訳は必要ない。

売　掛　金

4/1	(前 期 繰 越)	(204,000)

繰越利益剰余金

	4/1 (前 期 繰 越)	(170,000)

問題 3

借方科目	金額	貸方科目	金額
売　　上	348,000	損　　益	348,000
損　　益	382,000	仕　　入	382,000
繰越利益剰余金	34,000	損　　益	34,000

買　掛　金

△/△	（仕　　　　入）	36,000	4/1	（前　期　繰　越）	30,000
□/□	普　通　預　金	279,000	×/×	（仕　　　　入）	412,000
〃	（**次　期　繰　越**）	（127,000）			
		（442,000）			（442,000）

仕　　　入

×/×	買　　掛　　金	（412,000）	△/△	買　　掛　　金	（36,000）
3/31	繰　越　商　品	62,000	3/31	（繰　越　商　品）	（56,000）
			〃	（損　　　　益）	（382,000）
		（474,000）			（474,000）

損　　　益

3/31	（仕　　　　入）	（382,000）	3/31	（売　　　　上）	（348,000）
			〃	（繰越利益剰余金）	（34,000）
		（382,000）			（382,000）

繰越利益剰余金

6/28	未　払　配　当　金	40,000	4/1	前　期　繰　越	105,000
〃	利　益　準　備　金	4,000			
3/31	（損　　　　益）	（34,000）			
〃	（**次　期　繰　越**）	（27,000）			
		105,000			105,000

問題 **4**

仕訳は必要ない。

買　掛　金

	4/1	（前　期　繰　越）	（127,000）

繰越利益剰余金

	4/1	（前　期　繰　越）	（27,000）

02

商品売買
（割引・払出単価の計算・商品券）

Summary

1 免除された利息相当額を**仕入割引勘定（収益）**で処理する。

（借） 買 掛 金	5,000	（貸） 普 通 預 金	4,800
		仕 入 割 引	200

2 商品の払出単価の計算方法には次の方法がある。

先入先出法	先に仕入れた商品から先に払い出されると仮定する。
移動平均法	異なる単価での仕入の都度，平均単価を再計算する。
総平均法	一定期間分をまとめて，平均単価を計算する。

3 自社が発行したときは，商品券を**商品券勘定（負債）**に計上し，その後商品販売の対価として受け取ったとき，売上の計上とともに減少させる。

自 社 発 行	（借） 現 金	10,000	（貸） 商 品 券	10,000
自社発行受領	（借） 商 品 券	10,000	（貸） 売 上	10,000

4 商品販売の対価として，他社が発行した商品券（共通商品券など）を受け取ったときは，**他店商品券勘定（資産）**で処理する。

□□ 問題 1 次の一連の取引の仕訳を行いなさい（三分法）。

（1）　5月10日　商品¥100,000を掛けで仕入れた。なお，10日以内に決済した場合には5％の割引がなされる条件となっている。

（2）　5月11日　5月10日に仕入れた商品の一部¥5,000について，返品した。

（3）　5月18日　5月11日に仕入れた商品の掛代金について，割引額を控除した残額を普通預金口座から振り込んだ。

□□ **問題 2** 当社の8月中の取引に関する資料にもとづいて，先入先出法，移動平均法，総平均を用いた場合の，それぞれの当月の売上高，売上原価，売上総利益，月末商品棚卸高を求めなさい。また，移動平均法に基づく場合の商品有高帳を作成しなさい。

8月 1日	前　月　繰　越	80個	@¥2,000
3日	仕　　　　入	120個	@¥2,050
10日	売　　　　上	150個	@¥3,500
11日	仕　　　　入	200個	@¥2,080
15日	売　　　　上	200個	@¥3,600
16日	売上戻り(15日分)	50個	@¥3,600
21日	仕　　　　入	100個	@¥2,110

□□ **問題 3** 次の取引の仕訳を行いなさい（売上原価対立法）。

（1）　商品100個（@¥1,800）を掛けで仕入れた。

（2）　かねて掛けで仕入れていた商品10個（原価@¥1,800）を返品した（掛代金は未決済）。

（3）　商品60個（原価@¥1,800，売価@¥3,200）を掛けで販売した。

（4）　かねて掛けで販売していた商品5個（原価@¥1,800，売価@¥3,200）の返品を受けた。

□□ **問題 4** 次の一連の取引の仕訳を行いなさい（三分法）。

（1）　5月10日　商品券¥100,000を発行し，代金は現金で受け取った。

（2）　5月15日　商品¥60,000を販売し，代金は当社発行の商品券で受け取った。

（3）　5月20日　商品¥50,000を販売し，代金は共通商品券（商工連合会発行）で受け取った。

（4）　5月31日　手許にある共通商品券¥200,000について，発行元の商工連合会に請求し，代金が普通預金口座に振り込まれた。

解答・解説

問題 1

	勘定科目	金額	貸方科目	金額
(1)	仕　　　入	100,000	買　掛　金	100,000
(2)	買　掛　金	5,000	仕　　　入	5,000
(3)	買　掛　金	95,000	普 通 預 金	90,250
			仕 入 割 引	4,750

　仕入割引は利息相当額の性格をもっているため，仕入勘定から控除するのではなく，**仕入割引勘定（費用）**で処理する。

問題 2

	先入先出法	移動平均法	総平均法
売　　上　　高	1,065,000	1,065,000	1,065,000
売　上　原　価	614,000	615,000	619,800
売 上 総 利 益	451,000	450,000	445,200
月末商品棚卸高	419,000	418,000	413,200

X年		摘要	受入			払出			残高		
			数量	単価	金額	数量	単価	金額	数量	単価	金額
8	1	前月繰越	80	2,000	160,000				80	2,000	160,000
	3	仕　　入	120	2,050	246,000				200	2,030	406,000
	10	売　　上				150	2,030	304,500	50	2,030	101,500
	11	仕　　入	200	2,080	416,000				250	2,070	517,500
	15	売　　上				200	2,070	414,000	50	2,070	103,500
	16	売上戻り				△50	2,070	△103,500	100	2,070	207,000
	21	仕　　入	100	2,110	211,000				200	2,090	418,000
	31	**次月繰越**				**200**	**2,090**	**418,000**			
			500		1,033,000	500		1,0,33,000			

（共通）売上高＝10日販売分150個＋15日販売分（200−50個）
　　　　　　　＝150個×@￥3,500＋150個×@￥3,600

8

（先入先出法）

売上原価＝前月繰越80個，3日仕入分120個，11日仕入分100個

$\quad\quad\quad$＝80個×@¥2,000＋120個×@¥2,050＋100個×@¥2,080

月末商品棚卸高＝11日仕入分100個＋21日仕入分100個

$\quad\quad\quad\quad\quad\quad$＝100個×@¥2,080＋100個×@¥2,110

（移動平均法）

売上原価（商品有高帳より）＝10日販売分¥304,500

$\quad\quad\quad\quad\quad\quad\quad\quad\quad\quad\quad$＋15日販売分（¥414,000－¥103,500）

月末商品棚卸高＝（商品有高帳より）次月繰越¥418,000

（総平均法）

平均単価＝仕入総額÷仕入総量＝¥1,033,000÷500個＝@¥2,066

売上原価＝販売数量×総平均単価＝300個×@¥2,066

月末商品棚卸高＝月末数量×総平均単価＝200個×@¥2,066

問題 3

	勘定科目	金額	貸方科目	金額
(1)	商　　　　品	180,000	買　掛　金	180,000
(2)	買　掛　金	18,000	商　　　　品	18,000
(3)	売　掛　金 売　上　原　価	192,000 108,000	売　　　　上 商　　　　品	192,000 108,000
(4)	売　　　　上 商　　　　品	16,000 9,000	売　掛　金 売　上　原　価	16,000 9,000

問題 4

	勘定科目	金額	貸方科目	金額
(1)	現　　　　金	100,000	商　品　券	100,000
(2)	商　品　券	60,000	売　　　　上	60,000
(3)	他　店　商　品　券	50,000	売　　　　上	50,000
(4)	普　通　預　金	200,000	他　店　商　品　券	200,000

9

03

現金預金・手形

Summary

1 手形の割引時，割引料を**手形売却損勘定（費用）**で処理し，偶発債務の時価を**保証債務費用勘定（費用）**と**保証債務勘定（負債）**で処理する。

(借)	当 座 預 金	290	(貸)	受 取 手 形	300
	手 形 売 却 損	10			
(借)	保 証 債 務 費 用	8	(貸)	保 証 債 務	8

2 **1**の手形決済時，**保証債務取崩益勘定（収益）**で処理する。

(借)	保 証 債 務	8	(貸)	保証債務取崩益	8

3 手形の裏書時，偶発債務の時価を**保証債務費用勘定（費用）**と**保証債務勘定（負債）**で処理する。

(借)	仕 入	500	(貸)	受 取 手 形	500
(借)	保 証 債 務 費 用	15	(貸)	保 証 債 務	15

4 **3**の手形決済時，**保証債務取崩益勘定（収益）**で処理する。

(借)	保 証 債 務	15	(貸)	保証債務取崩益	15

□□ **問題 1** 取引銀行から当座預金の残高証明書を取り寄せ，当社の勘定残高との不一致の原因を調査したところ，次の事項が判明した。銀行勘定調整表に記入しなさい。なお，[ ]には時間外預入，未取立小切手，未取付小切手，未渡小切手，誤記入訂正のうち，最も適当な用語を記入すること。ただし，すべての空欄が埋まるとは限らない。

（1） 売掛金¥10,400を小切手で回収し，夜間金庫に預け入れた。

（2） 売掛金¥14,500を回収するために得意先から受け入れた小切手が，未取立の状態であった。

（3） 買掛金¥2,700を支払うために振り出した小切手が，未取付けの状態であった。

（4） 支払家賃¥21,800を支払うために振り出したはずの小切手が，実際には相手方に未渡しであった。

（5） 未払金¥3,100を支払った際，誤って貸借反対に勘定記入していたことが判明した。

□□ 問題 2　次の取引の仕訳を示しなさい。

（1） 福岡株式会社から商品¥300,000を仕入れ，代金は消費税10%とともに，かねて受け取っていた熊本株式会社が振り出した約束手形¥330,000を裏書譲渡して支払った。なお，当社は消費税の会計処理について税抜方式を採用している。また，保証債務の時価は，手形額面金額の0.5%とする。

（2） かねて裏書に付していた約束手形¥250,000が本日決済された。裏書人としての遡及義務を消滅させるため，保証債務¥2,500を取り崩す。

（3） かねて割引に付していた徳島工業株式会社振り出しの約束手形¥1,200,000が本日満期となり，無事決済されたとの連絡が入った。なお，保証債務の時価は，手形額面金額の1.3%として処理していた。

（4） かねて受け取っていた鹿児島株式会社振出しの約束手形¥300,000が不渡りとなったため，同社へ諸費用¥10,000（現金支払）と合わせて全額の償還請求を行った。

（5） かねて割引に付していた宮崎商店振り出しの約束手形¥1,400,000が不渡りとなり，取引銀行から償還請求されたため，諸費用¥15,000とあわせて当座預金口座から支払った。同時に，同社へ全額の償還請求を行っている。なお，保証債務の時価は，手形額面金額の1.5%として処理していた。

（6）　かねて東京商会へ裏書していた埼玉商店振り出しの約束手形
　　　¥3,200,000が不渡りとなり，東京商会から償還請求された。諸費用
　　　¥47,000とあわせて当座預金口座から支払うとともに，埼玉商店に対
　　　して全額の償還請求を行った。なお，保証債務の時価を，手形額面金
　　　額の0.8％として処理していた。

解答・解説

問題 1 ....

銀行勘定調整表

当座預金勘定残高	82,600	残高証明書残高	76,000
（加算）		（加算）	
［未 渡 小 切 手］（ 21,800 ）		［時 間 外 預 入］（ 10,400 ）	
		［未 取 立 小 切 手］（ 14,500 ）	
（減算）		（減算）	
［誤 記 入 訂 正］（ 6,200 ）		［未 取 付 小 切 手］（ 2,700 ）	
（ 98,200 ）		（ 98,200 ）	

企業側で仕訳が必要な取引については，必要な仕訳を行う。

(1)	時間外預入	（借）	仕 訳 な し		（貸）		
(2)	未取立て	（借）	仕 訳 な し		（貸）		
(3)	未取付け	（借）	仕 訳 な し		（貸）		
(4)	未渡し	（借）	当 座 預 金	21,800	（貸）	支 払 家 賃	21,800
(5)	誤記入	（借）	未 払 金	6,200	（貸）	当 座 預 金	6,200

　　本問は，両者区分調整法で銀行勘定調整表を作成させる問題である。両
者区分調整法では，銀行勘定調整表の修正後の残高は一致する。

	借方科目	金額	貸方科目	金額
(1)	仕　　　　　　入	300,000	受　取　手　形	330,000
	仮　払　消　費　税	30,000		
	保　証　債　務　費　用	1,650	保　証　債　務	1,650
(2)	保　証　債　務	2,500	保証債務取崩益	2,500
(3)	保　証　債　務	15,600	保証債務取崩益	15,600
(4)	不　渡　手　形	310,000	受　取　手　形	300,000
			現　　　　　金	10,000
(5)	不　渡　手　形	1,415,000	当　座　預　金	1,415,000
	保　証　債　務	21,000	保証債務取崩益	21,000
(6)	不　渡　手　形	3,247,000	当　座　預　金	3,247,000
	保　証　債　務	25,600	保証債務取崩益	25,600

（1）　手形を裏書して他社に譲渡したときは，受取手形の減少として処理する。裏書にともなう偶発債務は，時価相当額で**保証債務費用勘定（費用）**と**保証債務勘定（負債）**で処理する。

（2）（3）　手形裏書時・割引時のいずれに計上した偶発債務であっても，手形決済時点で消滅するため，取り崩す。

（4）　諸費用を含む請求額を**不渡手形勘定（資産）**で処理する。

（5）　割引した手形が不渡りになったときは，**不渡手形勘定（資産）**で処理する。不渡手形勘定の金額は，手形の額面金額に償還請求に関する諸費用を加えた金額である。手形を割引時に計上していた偶発債務は，手形がたとえ決済されない場合においても，支払期日の到来時に取り崩す。

（6）　裏書した手形が不渡りになったときは，**不渡手形勘定（資産）**で処理する。不渡手形勘定の金額は，手形の額面金額に償還請求に関する諸費用を加えた金額である。手形を裏書時に計上していた偶発債務は，手形がたとえ決済されない場合においても，支払期日の到来時に取り崩す。

04 外貨換算会計
（外貨建取引・外貨建荷為替手形）

Summary

1 外貨建取引とは，取引価額が外国通貨で表示されている取引をいう。外貨建取引を会計帳簿に記録するためには，取引価額を円貨に変更する必要がある。これを換算という。

2 外貨建取引の発生時には，取引発生時の為替レートで換算する。外貨建金銭債権・債務の決済時には，決済時の為替レートで換算し，差額を**為替差損益勘定（収益または費用）**で処理する。

3 決算時には，外貨通貨・預金や外貨建金銭債権・債務などの貨幣項目は，決算時の為替レートによる円換算額に修正し，換算差額は**為替差損益勘定**で処理する。一方，棚卸資産や前払金・前受金などの非貨幣項目は，取得時または発生時の為替レートで換算する。

4 荷為替手形とは，貨物代表証券を担保に振り出された為替手形をいう。

□□ 問題 1 熊本商事株式会社（決算日12月31日）の次の資料にもとづいて外貨建取引について，（1）内金支払日，（2）取引発生日，（3）決算日および（4）決済日の仕訳を示しなさい。

［資料］ 為替レートは次のとおりである。

	内金支払日	取引発生日	決算日	決済日
為替レート	¥98	¥102	¥99	¥107

（1） X2年10月12日 ロサンゼルスにあるKF社から商品$15,000の注文を受け，その際に手付金として$1,500を現金で受け取った。

（2） X2年12月20日 商品$15,000を発送した。代金は手付金と相殺し，残額を掛けとした。

（3）　X2年12月31日　決算にあたり，上記の外貨建取引によって生じた
　　　外貨建金銭債権の換算を行った。

（4）　X3年1月15日　上記の外貨建金銭債権$13,500が，サンディエゴに
　　　ある取引銀行の当座預金口座に入金された。

□□ 問題 2　次の為替手形に関する取引について仕訳しなさい。

（1）　春日商店に対する買掛金を決済するため，かねてより売掛金のある
　　　鳥栖商店宛に為替手形¥250,000を振り出し，同店の引き受けを得て春
　　　日商店に交付した。

（2）　久留米商店から商品¥135,000を仕入れ，代金のうち¥35,000は同店
　　　を振出人，筑後商店を受取人とする為替手形を呈示されたので，これ
　　　を引受け，残額は現金で支払った。

（3）　横浜商店に対する売掛金¥190,000を回収するため，当店を受取人，横
　　　浜商店を名宛人とする自己受為替手形を振り出した。

（4）　山形商店に対する買掛金¥200,000を支払うため，山形商店を受取人，
　　　当社仙台支店を名宛人とする自己宛為替手形を振り出した。

□□ 問題 3　次の一連の取引について仕訳を示しなさい。為替差額および決
　　済差額については，為替差損益勘定を用いること。

（1）　千葉商事は，ホノルル商事に商品を350ドルで輸出し，その際取引銀
　　　行で300ドルの荷為替に取り組み，割引料¥2,500を差し引いた残額を
　　　当座預金に預け入れた。輸出時の為替レートは$1あたり¥135である。

（2）　決算を迎えた。決算時の為替レートは$1あたり¥128である。

（3）　上記売掛金50ドルを現金で受け取った。決済時の為替レートは，$1
　　　あたり¥136である。

問題 1

	借方科目	金額	貸方科目	金額
(1)	現　　　　　金	147,000	前　　受　　金	147,000
(2)	前　　受　　金 売　　掛　　金	147,000 1,377,000	売　　　　　上	1,524,000
(3)	為　替　差　損　益	40,500	売　　　掛　　　金	40,500
(4)	当　座　預　金	1,444,500	売　　　掛　　　金 為　替　差　損　益	1,336,500 108,000

（1）　前受金を受け取った場合には，支払日の為替レートで換算する。

　　　・前受金 ＝ $1,500 × @¥98/$

（2）　販売時には売掛金を取引発生日の為替レートで換算し，前受金と売掛金の円貨額合計を売上の金額とする。売上の金額は $15,000 × @¥102でないことに注意が必要である。

　　　・売掛金 ＝ $13,500 × @¥102/$

　　　・売上 ＝ 前受金¥147,000 ＋ 売掛金¥1,377,000

（3）　決算日において売掛金の為替レートで換算する。

　　　・為替差損益 ＝ $13,500 ×（@¥99/$ － @¥102/$）

（4）　決済日の為替レートと前期決算日の為替レートの換算差額は，**為替差損益勘定**で処理する。

　　　・為替差損益 ＝ $13,500 －（@107 － @99）

問題 2

	借方科目	金額	貸方科目	金額
(1)	買　　掛　　金	250,000	売　　　掛　　　金	250,000
(2)	仕　　　　　入	135,000	現　　　　　金 支　　払　　手　　形	100,000 35,000
(3)	受　　取　　手　　形	190,000	売　　　掛　　　金	190,000
(4)	買　　掛　　金	200,000	支　　払　　手　　形	200,000

　　本問は通常の為替手形に関する問題である。全経簿記検定では，主に荷

為替手形と関わらせて為替手形（外貨建荷為替手形）に関する処理が求められるため（本ユニット問題３），そのための基礎知識として通常の為替手形の問題をここに配置した。

（1）　為替手形振出時には，鳥栖商店に対する売掛金が消滅する。
（2）　為替手形引受時には，受取人に支払う義務（支払手形）が生じる。
（3）　自己受為替手形振出時には，当社が受取人・振出人となる。
（4）　自己宛為替手形振出時には，当社が名宛人・振出人となる。

問題 3

	借方科目	金額	貸方科目	金額
(1)	当 座 預 金 手 形 売 却 損 売 掛 金	38,000 2,500 6,750	売 　　 上	47,250
(2)	為 替 差 損 益	350	売 　 掛 　 金	350
(3)	現 　　 金	6,800	売 　 掛 　 金 為 替 差 損 益	6,400 400

（1）　荷為替手形は自己受為替手形の振出しとともに，手形の割引を行っているため，２つの仕訳をまとめたものが解答となる。

①　自己受為替手形の振出

（借）	受 取 手 形 売 掛 金	40,500 6,750	（貸）	売 　　 上	47,250

②　手形の割引

（借）	当 座 預 金 手 形 売 却 損	38,000 2,500	（貸）	受 取 手 形	40,500

（2）　決算時の為替レートにより換算を行う。
　・為替差損益 = $50× （@￥128/$ − @￥135/$）
（3）　決済日と前期決算日の為替レートの換算差額は**為替差損益勘定**で処理する。
　・為替差損益 = $50× （@￥136/$ − @￥128/$）

17

05

有価証券（1）
（有価証券の売買と期末評価）

Summary

1 有価証券の追加取得時は，次の計算式で平均単価を求める。

$$平均単価 = \frac{残高金額 + 追加取得金額}{残高数量 + 追加取得数量}$$

2 その他有価証券の期末評価時，1級では全部純資産直入法により，取得原価と時価の評価差額は洗替法に基づき，**その他有価証券評価差額金（純資産）**で処理する。期末評価時，評価益（または評価損）が生じている場合，**繰延税金負債勘定（負債）**（または**繰延税金資産勘定（資産）**）で処理し，調整後の金額を**その他有価証券評価差額金勘定**で処理する。

| （借） | その他有価証券 | 200 | （貸） | 繰 延 税 金 負 債 | 80 |
| | | | | その他有価証券評価差額金 | 120 |

□□ **問題 1** 当社（決算日Ｘ5年3月31日）は，保有目的の異なる有価証券を所有している。次の（1）～（3）の有価証券に対して，決算整理仕訳を示しなさい。なお，その他有価証券以外は税効果会計を適用しない。

（1） 当社は，Ｘ4年7月1日に，山形株式会社が発行した額面￥4,000,000，償還期限3年，契約利子率年1.8％（利払日は6月末日と12月末の年2回）の社債を発行と同時に￥100につき￥99.40で取得し，満期まで保有する意図をもって所有している。また，取得価額と債券金額（額面）との差額は，すべて金利の調整分である。当該社債に関して必要な整理を行うと同時に，契約利息の見越し計上を行う。なお，当該社債の評価は，償却原価法（定額法）による。

（2） 当社は，次の銘柄の子会社株式を所有している。なお，宮城株式会
社株式については，時価が回復する見込みはないものとする。

銘　　柄	保有株数	1株当たり取得原価	1株当たり期末時価
宮城株式会社株式	4,500株	￥2,450	￥1,080
福島株式会社株式	6,900株	￥4,760	￥4,910

（3） 当社は，次の銘柄の株式を所有し，その他有価証券の区分に分類し
ている。なお，評価差額については，全額純資産直入法を適用し，実
効税率30％として税効果会計を適用する。

銘　　柄	保有株数	1株当たり取得原価	1株当たり期末時価
青森株式会社株式	3,200株	￥1,480	￥1,580
岩手株式会社株式	1,500株	￥2,200	￥1,400

□□ 問題 2　東京株式会社は，売買目的で3回に分けて取得していた上場株
式1,000株のうち400株を@￥920で売却し，代金は当座預金で受け取った。
第1回目（200株，取得価額@￥800），第2回目（300株，取得価額@￥850），
第3回目（500株，取得価額@￥950）は，いずれも今期中に行われたもの
である。株式の払出単価の計算は平均法によっている。仕訳を示しなさい。

□□ 問題 3　当社は，X5年1月10日，円滑な取引関係を構築することを目
的として，和歌山株式会社の株式28,000株を1株￥4,300で取得し，証券会
社に支払う手数料￥390,000とともに当座預金口座から支払っている。次の
仕訳を行いなさい。
（1） 決算（X5年3月31日）に際して，期末時価1株￥4,400へ評価替え
を行う（洗替法）。全部純資産直入法により，実効税率30％を適用した
税効果会計を考慮すること。
（2） 期首（X5年4月1日）となり，再振替を行う。

解答・解説

問 題 1 ....

	借方科目	金額	貸方科目	金額
(1)	満期保有目的債券	6,000	有 価 証 券 利 息	24,000
	未収有価証券利息	18,000		
(2)	子会社株式評価損	6,165,000	子 会 社 株 式	6,165,000
(3)	繰 延 税 金 資 産	264,000	その他有価証券	880,000
	その他有価証券評価差額金	616,000		

（1） 債券を債券金額と異なる金額で取得した場合，取得価額と債券価額との差額の性格が金利の調整と認められるときは，償却原価法（1級では，定額法）を適用する。発行差額は，¥24,000（= ¥4,000,000 × (@ ¥100 − @ ¥99.40) ÷ 100）であり，当期の償却額は¥6,000（= ¥24,000 × 9ヵ月 ÷ 36ヵ月）である。また，未収有価証券利息は，¥18,000（= ¥4,000,000 × 1.8% × 3ヵ月 ÷ 12ヵ月）である。

（2） 子会社株式のうち，市場価格のあるものについて時価が著しく下落したときは，回復する見込みがあると認められる場合を除き，時価をもって貸借対照表価額とし，評価差額は**子会社株式評価損勘定（費用）**で処理する。取得原価と時価との評価差額は，次のとおりである。

4,500株 ×（@ ¥2,450 − @ ¥1,080）

（3） その他有価証券は，時価をもって貸借対照表価額とし，評価差額は洗替法にもとづき，評価差額の合計額を純資産の部に計上する（全部純資産直入法）。なお，税効果会計を適用する。

青森株式会社株式の評価差額

= 3,200株 ×（@ ¥1,580 − @ ¥1,480）= ¥320,000

岩手株式会社株式の評価差額

= 1,500株 ×（@ ¥1,400 − @ ¥2,200）= △¥1,200,000

正味の評価差額 = ¥320,000 − ¥1,200,000 = △¥880,000

繰延税金資産 = ¥880,000 × 30% = ¥264,000

その他有価証券評価差額金 = ¥880,000 × 70% = ¥616,000

問題 2

借方科目	金額	貸方科目	金額
当 座 預 金	368,000	売買目的有価証券 有 価 証 券 売 却 益	356,000 12,000

平均単価＝

$$\frac{@¥800×200株＋@¥850×300株＋@¥950×500株}{200株＋300株＋500株} = @¥890$$

売却価額：@¥920×400株＝¥368,000

売却原価：@¥890×400株＝¥356,000

売却損益：¥368,000－¥356,000＝¥12,000（売却益）

問題 3

	借方科目	金額	貸方科目	金額
(1)	その他有価証券	2,410,000	繰 延 税 金 負 債 その他有価証券評価差額金	723,000 1,687,000
(2)	繰 延 税 金 負 債 その他有価証券評価差額金	723,000 1,687,000	その他有価証券	2,410,000

取得時

（借）	その他有価証券	120,790,000	（貸）	当 座 預 金	120,790,000

時価評価

（借）	その他有価証券	2,410,000	（貸）	その他有価証券評価差額金	2,410,000

税効果

（借）	その他有価証券評価差額金	723,000	（貸）	繰 延 税 金 負 債	723,000

翌期首（再振替仕訳）には，再評価時の逆仕訳を行う。

06 有価証券（2）
（利付債券の売買と差入・預り）

Summary

1 利付債券の取得時，支払った端数利息を**有価証券利息勘定（収益のマイナス）**で処理する。

（借）	売買目的有価証券	97	（貸）	現	金	98
	有 価 証 券 利 息	1				

2 利付債券の売却時，受け取った端数利息の金額を**有価証券利息勘定（収益）**で処理する。

（借）	現	金	97	（貸）	売買目的有価証券	97
	有 価 証 券 売 却 損		1		有 価 証 券 利 息	1

3 有価証券を担保として用いる場合，資金を借り入れる側の企業（差入側）は簿価で**差入有価証券勘定（資産）**に振り替え，資金を貸し付ける側の企業（預り側）は時価により**保管有価証券勘定（資産）**と**預り有価証券勘定（負債）**で処理する。

差 入 時	（借）	現	金	100	（貸）	借 入 金	100
	（借）	差 入 有 価 証 券		80	（貸）	有 価 証 券	80
預 り 時	（借）	貸 付 金		100	（貸）	現 金	100
	（借）	保 管 有 価 証 券		110	（貸）	預 り 有 価 証 券	110

□□ **問題 1** 次の一連の取引について仕訳を示しなさい。売買目的有価証券勘定を用いること。端数利息については日割計算とし，1年は365日として計算すること。

（1） X1年4月10日に，売買目的で長野商事株式会社社債（額面総額￥2,000,000，償還日X4年12月31日）を額面￥100につき￥98で買い入れ，代金は売買手数料￥21,000と端数利息とともに小切手を振り出し

て支払った。同社債の利息は年7.3％であり，利払日は6月と12月の各末日である。

（2） X1年6月30日に，上記の社債について利息を受け取り，当座預金とした。

（3） X1年10月18日に，上記の社債を￥100につき￥96で売却し，代金は端数利息とともに小切手で受け取った。その際，売買手数料￥24,000を小切手を振り出して支払っている。

□□ |問|題|2| 次の取引について仕訳を示しなさい。

（1） 当社は，X5年12月1日に，長期的利殖目的でX社社債（額面金額￥6,000,000，発行日X5年9月1日，償還期限5年，利率年4％，利払日2月末日と8月末日の年2回）を￥5,800,000で購入し，売買手数料￥35,000と端数利息（月割計算による）を加えた合計金額を小切手を振り出して支払った。

（2） 当社は，X5年11月30日に売買目的で保有する額面￥3,000,000の社債を＠￥100あたり＠￥98.7で売却し，端数利息とともに代金を現金で受け取った。当該社債は，X5年4月1日に＠￥98.1で購入し，その際，売買手数料￥3,000を支払っている。表面利率は年5％，利払日は3月末日と9月末日の年2回で，端数利息は月割計算する。

□□ |問|題|3| 次の取引について仕訳を示しなさい。

（1） 当社は，取引先岡山株式会社から現金￥1,000,000を借り入れ，売買目的で保有する株式400株（1株あたりの帳簿価額￥2,560，時価￥2,610）を担保として差し入れた。なお，売買目的有価証券勘定を使用すること。

（2） 当社は，得意先鳥取株式会社より営業保証金￥1,000,000を求められ，その代用として，当社がその他目的で所有する株式300株（帳簿価額＠￥2,900，時価＠￥3,500）を差し入れた。

（3） 当社は，取引先高知株式会社がその他の目的で所有する株式1,500株（1株の帳簿価額￥2,200，時価￥2,060）を，同社から営業保証金￥3,000,000の代用として預かった。

解答・解説

問題 1 ．．．

	借方科目	金額	貸方科目	金額
(1)	売買目的有価証券 有 価 証 券 利 息	1,981,000 40,000	当 座 預 金	2,021,000
(2)	当 座 預 金	73,000	有 価 証 券 利 息	73,000
(3)	現 金 有価証券売却損	1,964,000 85,000	売買目的有価証券 当 座 預 金 有 価 証 券 利 息	1,981,000 24,000 44,000

（1） 売買を目的とした社債の取得と端数利息の計算に関する問題である。
この場合は**売買目的有価証券勘定（資産）**を用いるとともに，売買手
数料￥21,000は取得原価に含める。端数利息は，**有価証券利息勘定（収
益）**で処理するとともに，次のように計算される。

　　　有価証券利息￥40,000 ＝￥2,000,000×7.3％×100日÷365日
（2） 有価証券利息￥73,000 ＝￥2,000,000×7.3％× 6 ヵ月/12ヵ月
（3） 有価証券利息￥44,000 ＝￥2,000,000×7.3％×110日÷365日

問題 2 ．．．

	借方科目	金額	貸方科目	金額
(1)	投 資 有 価 証 券 有 価 証 券 利 息	5,835,000 60,000	当 座 預 金	5,895,000
(2)	現 金	2,986,000	売買目的有価証券 有 価 証 券 売 却 益 有 価 証 券 利 息	2,946,000 15,000 25,000

（1） 長期的利殖を目的とした社債の取得と端数利息の計算に関する問題
である。この場合は**投資有価証券勘定（資産）**を用いるとともに，売
買手数料￥35,000は取得原価に含める。端数利息（￥60,000 ＝
￥6,000,000× 4 ％× 3 ヵ月÷12ヵ月）は，**有価証券利息勘定（収益）**
で処理する。

（2） 売買目的で保有する社債の売却と端数利息の計算に関する問題である。この場合は**売買目的有価証券勘定（資産）**を用いるとともに，売買手数料¥3,000は取得原価に含める。端数利息（¥25,000＝¥3,000,000×5％×2ヵ月÷12ヵ月）は，**有価証券利息勘定（収益）**で処理する。

問題 3 ....

	借方科目	金額	貸方科目	金額
（1）	現　　　　　金	1,000,000	借　　入　　金	1,000,000
	差 入 有 価 証 券	1,024,000	売買目的有価証券	1,024,000
（2）	差 入 有 価 証 券	870,000	その他有価証券	870,000
（3）	保 管 有 価 証 券	3,090,000	預 り 有 価 証 券	3,090,000

（1） 有価証券の差入に関する問題である。自己所有の売買目的有価証券と区別するために，保有する有価証券の帳簿価額をもって，**差入有価証券勘定（資産）**の借方に計上する。

（2） 差入の理由や差し入れた有価証券の保有目的の種別を問わず，有価証券を差し入れた場合には，保有する有価証券の帳簿価額をもって，**差入有価証券勘定（資産）**の借方に計上する。

（3） 有価証券の預りに関する問題である。保証金の代用として有価証券を預かった場合の備忘仕訳を行う。**保管有価証券勘定（資産）**と**預り有価証券勘定（負債）**で処理する。金額は預り時の時価¥3,090,000（＝¥2,060×1,500株）である。なお，有価証券の預りに際しては，差入元の保有目的に関わらず，すべて保管有価証券勘定と預り有価証券勘定で処理する。

07

固定資産（1）
（割賦購入，資本的支出と収益的支出，減価償却）

Summary

1 固定資産を割賦購入した場合，一括購入に比べて，利息分だけ支払額が高くなる。利息部分は固定資産の取得原価に含めずに，取得時に**支払利息勘定（費用）**に計上する。決算時において未経過分に対する利息を**前払利息勘定（資産）**に振り替える。ただし，支払利息ではなく，利息未決算や前払利息を用いる場合もある。

2 固定資産に関する支出は，資本的支出と収益的支出に分けられる。資本的支出は固定資産の取得原価に加算し，収益的支出は当期の費用（**修繕費**）とする。

3 減価償却費の計算方法には，定額法に加えて次のものがある。

定率法	帳簿価額に一定の償却率を乗じることで減価償却費を計算する方法
生産高比例法	固定資産の利用度合いに比例して減価償却費を計算する方法

□□ 問題 **1** 次の取引について仕訳しなさい。

（1） 当社（決算日12月31日）は，Ｘ１年11月１日に機械装置¥1,720,000を割賦購入し，付随費用¥80,000を含む代金の支払いとして，11月末より毎月末に12回の均等払いとし，約束手形12通（１通¥162,500）を振り出した。なお，利息部分は前払利息勘定を用い，利息の配分は定額法による。

（2） Ｘ１年12月末となり，上記（1）の約束手形の第２回目の決済が行われ，代金は当座預金口座より支払われた。

（3） 当社（決算日３月31日）は，Ｘ２年１月５日に備品¥390,000を割賦購入し，代金は毎月末に支払期日が到来する額面¥75,000の約束手形

を 6 通振り出した。なお，利息部分は支払利息勘定を用い，定額法により処理している。

（4）　当社は X 3 年 6 月 1 日に備品（取得原価¥2,800,000）を 7 回の分割払いの契約で購入し，次のとおり仕訳をしていた。本日，1 回目の支払日を迎え，現金で支払った。

```
(借) 備      品  2,800,000  (貸) 未  払  金  3,150,000
    利 息 未 決 算    350,000
```

契約によると，毎月末の支払額は¥450,000であり，本日第 1 回目（6 月30日）の割賦金を現金で支払った。利息は定額法により計上する。

□□　**問題 2**　当社が保有する建物（帳簿価額¥8,500,000）について大規模改修を行い，建設会社に対して代金¥2,500,000を小切手を振り出して支払った。なお，工事代金のうち¥1,500,000は耐震補強など建物の耐用年数を延長させる支出であった。仕訳を示しなさい。

□□　**問題 3**　次の取引について仕訳を示しなさい。なお，当社の決算日は 3 月31日であり，間接法で記帳している。

（1）　当期首に購入した備品（取得原価¥750,000，耐用年数 5 年，残存価額ゼロ）について定率法（20％）により減価償却を行う。

（2）　当期の12月15日に購入した車両運搬具（取得原価¥1,200,000，耐用年数 8 年，残存価額ゼロ）について200％定率法（25％）により減価償却を行う。

（3）　車両運搬具（帳簿価額¥1,800,000）について減価償却を生産高比例法により行う。当該車両運搬具の総走行可能距離は100,000kmであり，当期走行距離は8,500kmであった。残存価額は取得原価の10％である。

□□　**問題 4**　X 5 年 3 月31日の決算にあたり，備品（取得原価：¥3,000,000，耐用年数 5 年，残存価額ゼロ，償却方法：200％定率法（償却率0.4），記帳方法：間接法，取得日：X 3 年 4 月 1 日）について，減価償却を行う。

問題 **1** ....

	借方科目	金額	貸方科目	金額
(1)	機 械 装 置 前 払 利 息	1,800,000 150,000	営 業 外 支 払 手 形	1,950,000
(2)	営 業 外 支 払 手 形 支 払 利 息	162,500 25,000	当 座 預 金 前 払 利 息	162,500 25,000
(3)	備 品 支 払 利 息	390,000 60,000	営 業 外 支 払 手 形	450,000
(4)	未 払 金 支 払 利 息	450,000 50,000	現 金 利 息 未 決 算	450,000 50,000

（1） 固定資産の割賦購入では，支払総額を利息相当額と固定資産の取得原価に区分する。機械装置の取得原価¥1,800,000（＝¥1,720,000＋¥80,000）と支払総額¥1,950,000の差額である¥150,000（＝営業外支払手形¥1,950,000－機械装置¥1,800,000）を**前払利息勘定（資産）**で処理する。

（2） 第2回目の営業外支払手形の支払いが到来したため，当座預金より支払う。決算日までの利息¥25,000（＝¥150,000×2ヵ月÷12ヵ月）を**支払利息勘定（費用）**に振り替える。

（3） 備品の取得原価¥390,000と支払総額¥450,000の差額である¥60,000を**支払利息勘定（費用）**で処理する。

（4） 支払日が到来したため，未払金のうち第1回目の支払額¥450,000（＝¥3,150,000÷7回）を現金で支払う。また，利息部分¥50,000（＝¥350,000÷7回）は**利息未決算勘定（その他）**から支払利息勘定に振り替える。

借方科目	金額	貸方科目	金額
建　　　　物	1,500,000	当　座　預　金	2,500,000
修　　繕　　費	1,000,000		

　固定資産の取得後の支出のうち，資本的支出（¥1,500,000）は固定資産に加算され，収益的支出¥1,000,000（＝¥2,500,000－¥1,500,000）は修繕費として費用処理される。

問題3

	借方科目	金額	貸方科目	金額
(1)	減　価　償　却　費	150,000	備品減価償却累計額	150,000
(2)	減　価　償　却　費	100,000	車両運搬具減価償却累計額	100,000
(3)	減　価　償　却　費	137,700	車両運搬具減価償却累計額	137,700

（1）　定率法による減価償却費¥150,000は，取得原価から減価償却累計額を控除した未償却残高に償却率を乗じる（¥750,000×20%）ことで計算できる。

（2）　定率法による減価償却費の問題である。固定資産を期中で取得した場合には，次のとおり月割計算を行う必要がある。

　　　減価償却費¥100,000＝¥1,200,000×25%×4ヵ月÷12ヵ月

（3）　生産高比例法による減価償却費は，次のとおり取得原価から残存価額を控除した要償却額に固定資産の利用割合を乗じることで計算できる。

$$減価償却費＝（¥1,800,000－¥180,000）\times \frac{8,500km}{100,000km}$$

問題4

借方科目	金額	貸方科目	金額
減　価　償　却　費	720,000	備品減価償却累計額	720,000

　定率法による減価償却費¥720,000（＝（¥3,000,000－¥1,200,000）×0.4）は，取得原価から未償却残高を控除した要償却額に償却率に乗じることで計算できる。

08 固定資産（2）
（固定資産の除却と廃棄・買換え・火災損失・圧縮記帳）

Summary

1 新しい固定資産を購入する際に，古い固定資産の下取りをしてもらうことを買換えという。固定資産の買換えは，固定資産の売却と固定資産の購入を同時に行う処理方法である。

2 固定資産を除却した時には，帳簿価額と貯蔵品の差額を固定資産除却損に計上する。固定資産の廃棄時には，帳簿価額や処分費用を固定資産廃棄損に計上する。

3 固定資産が火災等により滅失した場合，帳簿価額を火災損失に計上する。ただし，保険が付されている場合には，保険金が確定するまで帳簿価額を**火災未決算勘定（その他）**に振り替える。火災未決算と保険金額との差額は**火災損失勘定（費用）**または**保険差益勘定（収益）**に振り替える。

4 圧縮記帳とは，固定資産を補助金等で取得した場合，取得原価から補助金相当額を減額し，減額後の帳簿価額を貸借対照表価額とする方法をいう。直接減額方式と積立金方式の2つの方法がある。

□□ **問題 1** 当社（決算日3月31日）はX5年4月1日に保有する備品（取得原価¥50,000，減価償却累計額¥33,750，間接法）を下取りに出し，新しい備品を¥57,000で購入した。なお，旧備品の下取価格は¥18,000であり，購入価額との差額は小切手を振り出して支払った。

□□ **問題 2** 次の取引について仕訳をしなさい。当社は間接法で記帳する。
（1）当期首に，取得原価¥324,000の備品（減価償却累計額¥216,000）を除却した。当該備品の見積売却価額は¥58,000であった。
（2）当期首に，当社が保有する機械装置（帳簿価額¥700,000，減価償却

累計額￥420,000）を廃棄し，廃棄のための費用￥44,000を小切手を振り出して支払った。

問題3 次の取引について仕訳しなさい。

（1） 当期首に火災が発生し，建物（取得原価￥3,500,000，減価償却累計額￥1,750,000）および商品￥620,000が焼失した。なお，この建物および商品には￥3,000,000の火災保険を掛けていた。

（2） 保険会社より上記（1）について保険金￥2,500,000を支払う旨の連絡があった。

（3） 保険会社より上記（1）について保険金￥1,500,000を支払う旨の連絡があった。

問題4 次の一連の取引について圧縮記帳を（1）直接減額方式と（2）積立金方式による場合の仕訳をそれぞれ示しなさい。

X2年4月1日　国から国庫補助金￥3,500,000を現金で受け入れ，ただちに当座預金に入金した。

X2年4月4日　国庫補助金の対象となる機械装置￥5,000,000を購入し，小切手を振り出して支払った。

X3年3月31日　決算となり機械装置について圧縮記帳を行うとともに，機械装置について定額法（残存価額ゼロ，耐用年数8年，間接法で記帳する）により減価償却を行う。

解答・解説

借方科目	金額	貸方科目	金額
備品減価償却累計額備品	33,750 57,000	備　　　品 当 座 預 金 固定資産売却益	50,000 39,000 1,750

　固定資産の買換えは，固定資産の売却と新規購入が同時に行われているため，それぞれ（①売却と②購入）の仕訳を考え，それらを合わせた仕訳が解答である。

①	（借）	備品減価償却累計額 当 座 預 金	33,750 18,000	（貸）	備　　　　　品 固定資産売却益	50,000 1,750
②	（借）	備　　　　　品	57,000	（貸）	当 座 預 金	57,000

問 題 2

	借方科目	金額	貸方科目	金額
(1)	備品減価償却累計額 貯　　蔵　　品 固定資産除却損	216,000 58,000 50,000	備　　　品	324,000
(2)	機械装置減価償却累計額 固定資産廃棄損	420,000 324,000	機 械 装 置 当 座 預 金	700,000 44,000

（1）　固定資産の除却を行った場合には，帳簿価額¥108,000（¥324,000 − ¥216,000）と貯蔵品¥58,000の差額を**固定資産除却損勘定（費用）**に計上する。

（2）　固定資産の廃棄を行った場合には，帳簿価額¥280,000（¥700,000 − ¥420,000）を**固定資産廃棄損勘定（費用）**で処理する。廃棄に当たり費用が発生した場合には，固定資産廃棄損に加算する。

	借方科目	金額	貸方科目	金額
(1)	建物減価償却累計額 火 災 未 決 算	1,750,000 2,370,000	建 物 仕 入	3,500,000 620,000
(2)	未 収 入 金	2,500,000	火 災 未 決 算 保 険 差 益	2,370,000 130,000
(3)	未 収 入 金 火 災 損 失	1,500,000 870,000	火 災 未 決 算	2,370,000

（ 1 ）　固定資産などが焼失した場合，保険金額が確定するまで，焼失した資産の帳簿価額を**火災未決算勘定（その他）**に振り替える。

（ 2 ）　保険金の金額が確定した場合は，火災未決算を保険金の受取額に振り替え，保険金額と火災未決算の差額￥130,000（＝未収入金￥2,500,000－火災未決算￥2,370,000）を**保険差益勘定（収益）**に振り替える。

（ 3 ）　保険金額と火災未決算の差額￥870,000（＝未収入金￥1,500,000－火災未決算￥2,370,000）を**火災損失勘定（費用）**に振り替える。

(1)	借方科目	金額	貸方科目	金額
X2/4/1	当 座 預 金	3,500,000	国庫補助金受贈益	3,500,000
X2/4/4	機 械 装 置	5,000,000	当 座 預 金	5,000,000
X3/3/31	固定資産圧縮損	3,500,000	機 械 装 置	3,500,000
X3/3/31	減 価 償 却 費	187,500	機械装置減価償却累計額	187,500

・減価償却費：（￥5,000,000－￥3,500,000）÷ 8 年

(2)	借方科目	金額	貸方科目	金額
X2/4/1	当 座 預 金	3,500,000	国庫補助金受贈益	3,500,000
X2/4/4	機 械 装 置	5,000,000	当 座 預 金	5,000,000
X3/3/31	繰越利益剰余金	3,500,000	圧 縮 積 立 金	3,500,000
X3/3/31	減 価 償 却 費 圧 縮 積 立 金	625,000 437,500	機械装置減価償却累計額 繰越利益剰余金	625,000 437,500

　　国庫補助金を**圧縮積立金勘定（純資産）**として積み立てるとともに，圧縮積立金は減価償却に応じて取り崩しを行う。金額は437,500（＝￥3,500,000÷ 8 年）である。

09

固定資産（3）
（減損会計，無形固定資産，投資その他の資産）

Summary

1 減損とは，固定資産の収益性が低下したことにより帳簿価額の回収が見込めない状態をいう。減損が生じた場合には，固定資産の帳簿価額を回収可能価額まで減額し，**減損損失勘定（費用）**を用いて処理する。回収可能価額とは使用価値と正味売却価額のいずれか高い金額をいう。

2 無形固定資産は，長期利用目的で保有する具体的な形態のない資産であり，残存価額ゼロ，定額法で償却し，直接法で記帳する。

3 投資その他の資産は，（1）長期の利益獲得を目的としたもの（投資有価証券，長期性預金，投資不動産など）と，（2）正常な営業サイクルから除外されたもの（不渡手形，長期前払費用）に分けられる。

4 投資目的で保有している土地や建物は投資不動産（投資その他の資産）として表示する。投資不動産の減価償却費は営業外費用に表示する。

□□ **問題1** 当社の建物（取得原価¥70,000,000，決算整理後の減価償却累計額¥52,500,000）について，決算日において減損の兆候が見られたため，減損損失を計上することとした。当該建物の正味売却価額は¥15,000,000であり，使用価値は¥16,500,000と見積られた。減損処理を行う前の取得原価から減損損失を直接控除する方法を採用している。必要な仕訳を示しなさい。

□□ **問題2** 次の取引について仕訳をしなさい。
（1） 当期首に取得した商標権¥100,000を償却する。なお，償却期間は5年とする。
（2） 前々期の期首に取得したのれんを償却する。なお，償却期間は15年，前期末の残高は¥348,400であった。

（3）　鉱業権¥350,000について生産高比例法により償却する。なお，鉱石
　　　は最初の10年間は毎年15トン，次の４年間は毎年10トン，残りの２年
　　　間は毎年５トン採掘されると予想される。当期の採掘量は18トンであっ
　　　た。

□□ 問題 3 　次の取引について仕訳をしなさい。決算日は３月31日である。
（1）　Ｘ２年７月10日，ソフトウェア¥568,000を購入し，自社用にカスタ
　　　マイズするための費用¥32,000とともに普通預金から振り込んだ。
（2）　決算（Ｘ３年３月31日）にあたり，上記ソフトウェアを定額法によ
　　　り５年で償却する。
（3）　当社は当期に社内でソフトウェアを制作しているが，当期末時点に
　　　完成していない。このソフトウェアの制作にかかった費用¥230,000は
　　　仮払金で処理している。

□□ 問題 4 　次の資料にもとづいて，当期末（Ｘ５年３月31日）における貸
借対照表および損益計算書を完成しなさい。
（1）　決算整理前残高試算表（一部）

決算整理前残高試算表
X5年3月31日　　　　　　　　　（単位：円）

| 建　　　物 | 6,500,000 | 建物減価償却累計額 | 450,000 |
| | | 受　取　家　賃 | 175,000 |

（2）　未処理事項および決算整理事項
　　　当期末に保有する建物は次のとおりである。

	用途	取得日	取得原価	減価償却方法
建物A	営業目的	X1年4月1日	¥4,500,000	残存価額　ゼロ 定額法（30年）
建物B	投資目的	X4年10月1日	¥2,000,000	残存価額　ゼロ 定額法（20年）

解答・解説

問題 **1**

借方科目	金額	貸方科目	金額
減 損 損 失	1,000,000	建　　　物	1,000,000

　減損が生じた場合には，固定資産の帳簿価額と回収可能価額の差額を**減損損失勘定（費用）**で処理する。

・正味売却価額￥15,000,000＜使用価値￥16,500,000→使用価値
・帳簿価額￥17,500,000－回収可能価額￥16,500,000
　⇒減損損失￥1,000,000

問題 **2**

	借方科目	金額	貸方科目	金額
(1)	商 標 権 償 却	20,000	商　標　権	20,000
(2)	の れ ん 償 却	26,800	の　れ　ん	26,800
(3)	鉱 業 権 償 却	31,500	鉱　業　権	31,500

（1）　償却期間は5年であるから償却額は￥20,000（＝￥100,000÷5年）である。直接法で記帳するため，償却額を商標権から直接減額する。

（2）　のれんの金額￥348,400は前期末の帳簿価額であり，前々期・前期の2回の償却後の金額であるため，償却期間である15年ではなく，残り13年で償却するので，金額は￥26,800（＝￥348,400÷13年）である。

（3）　鉱業権は生産高比例法により減価償却される。総利用可能量は200トン（＝15トン×10年＋10トン×4年＋5トン×2年）である。償却額は￥31,500（＝￥350,000×18トン÷200トン）である。

問題 **3**

	借方科目	金額	貸方科目	金額
(1)	ソ フ ト ウ ェ ア	600,000	普 通 預 金	600,000
(2)	ソフトウエア償却	90,000	ソ フ ト ウ ェ ア	90,000
(3)	ソフトウエア仮勘定	230,000	仮　払　金	230,000

（1） ソフトウェアを取得した場合には，付随費用を含めて取得原価とする。

　　　ソフトウェアの取得原価＝¥568,000＋¥32,000

（2） 自社利用のソフトウェアは無形固定資産であるため，定額法（償却期間5年）で償却し，ソフトウェア償却として計上する。ただし，期中取得であるため月割計算する必要がある。

　　　ソフトウェア償却＝¥600,000÷5年×9ヵ月÷12ヵ月

（3） 期中において未完成のままであるソフトウェアは，ソフトウェア仮勘定に振り替える。

問題 **4** ....

	借方科目	金額	貸方科目	金額
建物A	減 価 償 却 費	150,000	建物減価償却累計額	150,000
建物B	投 資 不 動 産	2,000,000	建 物	2,000,000
	減 価 償 却 費	50,000	建物減価償却累計額	50,000

貸借対照表 （単位：円）		**損益計算書** （単位：円）	
固定資産		販売費及び一般管理費	
有形固定資産		減 価 償 却 費	(150,000)
建　　　物	(4,500,000)		
減 価 償 却 累 計 額	(△600,000)	営業外収益	
		受 取 家 賃	(175,000)
投資その他の資産			
〔投 資 不 動 産〕	(2,000,000)	営業外費用	
減 価 償 却 累 計 額	(△50,000)	〔減 価 償 却 費〕	(50,000)

建物Bは投資目的であるため，**投資不動産勘定（資産）**に振り替える。建物Bの減価償却費¥50,000は営業外費用に表示される。

　・建物Aの減価償却費＝¥4,500,000÷30年

　・建物Bの減価償却費＝¥2,000,000÷20年×6ヵ月÷12ヵ月

10 繰延資産・引当金

Summary

1 下記の項目はすべて，原則として発生時に費用処理するが，繰り延べた場合には，次のとおりの償却年数で償却し，直接法で記帳する。

繰延資産	償却年数	表示
繰延株式交付費	3年以内に償却	営業外費用
繰延社債発行費等	償還期間で償却	
繰延創立費	5年以内に償却	
繰延開業費		営業外費用または 販売費及び一般管理費
繰延開発費		売上原価または 販売費及び一般管理費

2 引当金は将来損失などに備えて設定されるものである。

退職給付引当金	将来の退職金の支払いに備えて設定される引当金
商品保証引当金	将来の商品保証に関連する費用の負担に備えて設定される引当金
債務保証損失引当金	当期以前の債務保証によって将来被る損失に備えて設定される引当金

□□ **問題 1** 次の一連の取引について，決算日に繰延処理する場合の仕訳しなさい。

（1） X3年4月1日　会社を設立した。なお，株式発行のための費用および設立登記のための費用¥300,000を小切手を振り出して支払っている。

（2） X3年10月1日　市場開拓のための特別の費用¥60,000を現金で支払った。

（3） X4年3月31日　決算日となり，創立費・開発費を繰延処理（期間

3年）する。

（4）　Ｘ５年３月31日　繰延資産の償却を行う。

問題 2 次の一連の取引について仕訳しなさい。

（1）　決算にあたり，退職給付の当期負担分¥760,000を計上した。

（2）　当社は，退職給付について内部引当方式によっており，退職給付引当金勘定残高は¥33,175,000（貸方残高）であった。本日，従業員の退職に伴う一時金として，¥3,000,000を当座預金口座より支払った。

問題 3 次の一連の取引について仕訳しなさい。

（1）　当社では販売した商品に対する欠陥について，引渡後１年間無償で修理すべき旨の保証契約を得意先と結んでいる。決算にあたり，当期売上高¥10,000,000に対して過去の実績にもとづき２％の商品保証引当金を見積計上する。

（2）　翌期に得意先に対し前期に売り上げた商品の保証による修理を行い，修理費用¥120,000を現金で支払った。

（3）　翌期末の決算において，保証期間の１年が経過したため，商品保証引当金の残額を取り崩すことにした。

問題 4 次の一連の取引について仕訳しなさい。

（1）　得意先が銀行から¥100,000の借り入れを行うにあたり，当社が当該借入金に関する保証人となっていた。当期末において得意先の財政状態が悪化し，当該借入金の代位弁済を行う可能性が高くなったため，借入額の50％相当額を債務保証損失引当金として計上する。

（2）　得意先による借入金返済が不可能となったため，銀行へ現金で返済を行った。

解答・解説

問題 1 ....

	借方科目	金額	貸方科目	金額
(1)	創　　立　　費	300,000	当　座　預　金	300,000
(2)	開　　発　　費	60,000	現　　　　　金	60,000
(3)	繰 延 創 立 費 繰 延 開 発 費	200,000 50,000	創　　立　　費 開　　発　　費	200,000 50,000
(4)	創 立 費 償 却 開 発 費 償 却	100,000 20,000	繰 延 創 立 費 繰 延 開 発 費	100,000 20,000

（1）　会社の設立に必須な支出は**創立費勘定（費用）**で処理する。

（2）　新市場開発の特別の支出等は**開発費勘定（費用）**で処理する。

（3）　創立費・開発費のうち未経過分を**繰延創立費勘定（資産）・繰延開発費勘定（資産）**に振り替える。

　　　・繰延創立費（資産）＝￥300,000×24ヵ月÷36ヵ月

　　　・繰延開発費（資産）＝￥50,000×30ヵ月÷36ヵ月

（4）　（3）で計上した繰延資産を償却する。繰延資産を償却した場合には**創立費償却勘定（費用）・開発費償却勘定（費用）**を用いて処理する。

　　　・創立費償却（費用）＝￥200,000×12ヵ月÷24ヵ月

　　　・開発費償却（費用）＝￥50,000×12ヵ月÷30ヵ月

　なお，上述の仕訳は決算時点で繰延経理を決めている場合の仕訳である。支出時点で決定する場合には，支出時に繰延資産として計上し，決算時に当期分を償却する。

問題 2 ....

	借方科目	金額	貸方科目	金額
(1)	退 職 給 付 費 用	760,000	退 職 給 付 引 当 金	760,000
(2)	退 職 給 付 引 当 金	3,000,000	当　座　預　金	3,000,000

（1）　当期の退職給付の負担額は，**退職給付費用勘定（費用）**を用いて費用計上するとともに，**退職給付引当金勘定（負債）**を計上する。

（２） 退職一時金を支給した場合には，内部引当方式では退職給付引当金を取り崩す。なお，外部積立方式で退職給付引当金を取り崩すのは年金基金などに掛金を拠出したときである。

問題 3 ···

	借方科目	金額	貸方科目	金額
（1）	商品保証引当金繰入	200,000	商品保証引当金	200,000
（2）	商品保証引当金	120,000	現　　　　金	120,000
（3）	商品保証引当金	80,000	商品保証引当金戻入	80,000

（１） 当期に販売した商品に対して，次期以降保証に応じることにより発生すると見込まれる費用について，決算時において，**商品保証引当金繰入勘定（費用）**を用いて費用計上するとともに，**商品保証引当金勘定（負債）**を計上する。なお，繰入額は¥200,000（＝¥10,000,000×2％）である。

（２） 実際に商品の保証を行った場合には，商品保証引当金を取り崩す。

（３） 保証期間が経過し，商品保証引当金が必要なくなった場合には，その残額¥80,000（＝¥200,000－¥120,000）を取り崩し，**商品保証引当金戻入（収益）**として処理する。

問題 4 ···

	借方科目	金額	貸方科目	金額
（1）	債務保証損失引当金繰入	50,000	債務保証損失引当金	50,000
（2）	未　　収　　金	100,000	現　　　　金	100,000
	債務保証損失引当金	50,000	貸 倒 引 当 金	50,000

（１） 当期に負担すべき金額を，決算時に**債務保証損失引当金繰入勘定（費用）**を用いて費用計上するとともに，**債務保証損失引当金勘定（負債）**を計上する。

（２） 立て替えて支払った¥100,000は得意先へ請求可能な金額であるため，未収金勘定（資産）や貸付金勘定（資産）で処理する。また，前期に債務保証損失引当金を¥50,000を計上しているため，債務保証損失引当金を取り崩し，未収金に対するものとして貸倒引当金に振り替える。

11

負債会計（1）
（リース会計）

Summary

　リース取引は次の2つに分類され，それぞれ，①リース契約締結時（リース取引開始日），②リース料支払時，③決算日の仕訳は次のとおりである。

1 ファイナンス・リース取引
　実質的に借入資金で購入して利用しているのと同様の状態となる取引であり，売買処理が行われる。

①	（借）	リース資産	○○○	（貸）	リース債務	○○○
②	（借）	リース債務	○○	（貸）	当座預金	○○○
		支払利息	○○			
③	（借）	減価償却費	○○	（貸）	リース資産減価償却累計額	○○

※所有権移転ファイナンス・リース取引の減価償却期間は自己所有の固定資産と同様。
　所有権移転外ファイナンス・リース取引の減価償却期間はリース期間。

2 オペレーティング・リース取引
　賃借して資産を利用することになる取引であり，賃貸借処理が行われる。

①	仕訳なし					
②	（借）	支払リース料	○○	（貸）	当座預金	○○
③	仕訳なし					

□□ 問題 1　次の一連の取引を（a）利子込み法と（b）利子抜き法（定額法）により仕訳しなさい。

（1）　X5年4月1日　東京㈱と備品のリース契約（年間リース¥80,000

は毎年３月31日支払い（後払い，リース期間４年）を締結した。なお，当該契約は所有権移転外ファイナンス・リース取引に該当し，見積現金購入価額は¥300,000である。

（2）　Ｘ６年３月31日　リース料¥80,000を当座預金にて支払った。

（3）　Ｘ６年３月31日　決算にあたり，リース資産を定額法（間接法）により減価償却する。なお，備品の耐用年数は５年，残存価額はゼロである。

問題2　次の一連の取引を（a）利子込み法と（b）利子抜き法（定額法）により仕訳しなさい。

（1）　当社（決算日：７月末日，年１回）は，Ｘ１年８月１日付で，所有権移転ファイナンス・リース契約（リース期間は６年，年間リース料¥50,000は毎年７月31日に当座預金口座より支払い（後払い））を締結し，リース物件（備品）の引き渡しを受けた。なお，リース物件の見積現金購入価額は¥270,000である。

（2）　Ｘ２年７月31日，リース料支払および減価償却の処理を行う。なお，利息相当額の配分方法は定額法，リース物件の減価償却方法は定額法（間接法），このリース資産の耐用年数は８年である。

（3）　Ｘ３年７月31日，リース料支払および減価償却の処理を行う。

問題3　次の一連の取引を仕訳しなさい。なお，仕訳が必要ない場合は，借方科目欄に「仕訳なし」と記入すること。

（1）　Ｘ５年４月１日　東京㈱と備品のリース契約（年間リース料¥80,000は毎年３月31日に当座預金より支払い（後払い），リース期間２年）を締結した。なお，当該契約はオペレーティング・リース取引に該当し，見積現金購入価額は¥500,000である。

（2）　Ｘ６年３月31日　リース料支払日および決算日を迎えたため必要な処理を行う。なお，当該リース資産の耐用年数は８年である。

解答・解説

(a)	借方科目	金額	貸方科目	金額
(1)	リ ー ス 資 産	320,000	リ ー ス 負 債	320,000
(2)	リ ー ス 負 債	80,000	当 座 預 金	80,000
(3)	減 価 償 却 費	80,000	リース資産減価償却累計額	80,000

（1） 利子込み法では，リース契約締結時に，**リース資産勘定（資産）**および**リース負債勘定（負債）**を用いて，利子込みの金額（支払リース料の総額）で記録する。

（2） 利子込み法では，リース契約締結時にリース負債が利子込みで記録されているため，リース料支払時（実質的な返済時）にも，利子込みの金額でリース負債を記録する。

（3） 所有権移転外ファイナンス・リースであるため，減価償却期間はリース期間（4年）とする。

　　　減価償却費¥80,000＝¥320,000÷4年

(b)	借方科目	金額	貸方科目	金額
(1)	リ ー ス 資 産	300,000	リ ー ス 負 債	300,000
(2)	リ ー ス 負 債 支 払 利 息	75,000 5,000	当 座 預 金	80,000
(3)	減 価 償 却 費	75,000	リース資産減価償却累計額	75,000

（1） 利子抜き法では，リース契約締結時に，リース資産およびリース負債を利子抜きの金額（見積現金購入価額）で記録する。

（2） 利子抜き法では，利息に関する処理はリース料支払日に行われる。リース料総支払額¥320,000と見積現金購入価額¥300,000の差額¥20,000が利息であり，4年にわたり費用計上する。利息とリース料支払額の差額がリース負債の返済額である。

　　　支払利息¥5,000＝¥20,000÷4年
　　　リース負債¥75,000＝¥80,000－¥5,000

（3） 減価償却費¥75,000＝¥300,000÷4年

(a)	借方科目	金額	貸方科目	金額
(1)	リ ー ス 資 産	300,000	リ ー ス 負 債	300,000
(2)	リ ー ス 負 債	50,000	当 座 預 金	50,000
	減 価 償 却 費	37,500	リース資産減価償却累計額	37,500
(3)	リ ー ス 負 債	50,000	当 座 預 金	50,000
	減 価 償 却 費	37,500	リース資産減価償却累計額	37,500

（2） 所有権移転ファイナンス・リースであるため，減価償却期間は耐用
年数（8年）とする。

　　減価償却費¥37,500＝¥300,000÷8年

（3） リース料支払日・決算日ごとに同じ処理が行われる。

(b)	借方科目	金額	貸方科目	金額
(1)	リ ー ス 資 産	270,000	リ ー ス 負 債	270,000
(2)	リ ー ス 負 債	45,000	当 座 預 金	50,000
	支 払 利 息	5,000		
	減 価 償 却 費	33,750	リース資産減価償却累計額	33,750
(3)	リ ー ス 負 債	45,000	当 座 預 金	50,000
	支 払 利 息	5,000		
	減 価 償 却 費	33,750	リース資産減価償却累計額	33,750

（2） 減価償却費¥33,750＝¥270,000÷8年

	借方科目	金額	貸方科目	金額
(1)	仕 訳 な し			
(2)	支 払 リ ー ス 料	80,000	当 座 預 金	80,000

（1） オペレーティング・リースであるため，契約時の処理は不要である。

（2） オペレーティング・リースにおいては，支払時に支払額を**支払リー
ス料勘定（費用）**で処理する。

12

負債会計(2)
(社債・資産除去債務)

Summary

1 社債の①発行，②利払い，③償却原価法（定額法），および④償還時の仕訳はそれぞれ次のとおりである。

①	(借)	当 座 預 金	○○○	(貸)	社　　　債	○○○
②	(借)	社 債 利 息	○○	(貸)	当 座 預 金	○○
③	(借)	社 債 利 息	○○	(貸)	社　　　債	○○
④	(借)	社　　　債	○○○	(貸)	当 座 預 金	○○○

2 資産除去債務の処理は以下のとおりである。

（1） 資産除去債務はそれが発生したときに，負債として計上する。

（2） 資産除去債務に対応する除去費用は，資産除去債務を負債として計上した時に，当該負債計上額と同額を，関連する有形固定資産の帳簿価額に加え，取得原価に含める。

（3） 時の経過による資産除去債務の調整額は，期首の負債の帳簿価額に割引率を乗じて算定し，その発生時の費用として処理する。

(1)(2)	(借)	建　　　物	○○○	(貸)	当 座 預 金	○○
					資 産 除 去 債 務	○
(3)	(借)	減 価 償 却 費	○○	(貸)	資 産 除 去 債 務	○○

□□ **問題 1** 次の一連の取引の仕訳を示しなさい。

（1） X1年1月1日　社債額面総額￥1,000,000（償却期間5年，年利率2％，利払日6月，12月の各末日）を@￥100につき，@￥97で発行し払込金額を当座預金とした。また，社債発行の諸費用￥80,000を現金で支払った。

（2） X1年6月30日　社債利息を小切手を振り出して支払った。

（3）　X 1 年12月31日　社債利息を小切手を振り出して支払った。また，決算日につき，社債発行差額の定額法による償却を行う。社債発行費は繰延経理を行うこととし，償却原価法（定額法）を採用する。

□□ 問題 2　次の一連の取引の仕訳を示しなさい。
（1）　当社（決算日 3 月31日）は，X 4 年 7 月 1 日に，額面総額¥40,000,000，発行価額¥100につき，¥104，償却期限 5 年，年利率2.5%（利払日は 6 月末と12月末の年 2 回）の条件で社債を発行し，払込金額を当座預金とした。なお，社債発行のための諸費用¥200,000を現金で支払った。
（2）　X 5 年 3 月31日，決算にあたり必要な整理を行う。なお，社債発行差額は，償却原価法（定額法）により償却し（定額法・月割償却），X 4 年12月31日の利息の支払いも正常に行われている。

□□ 問題 3　　当社（決算日 3 月31日）は，当期12月 1 日に，額面総額¥40,000,000，発行価額¥100につき，¥98.2，償却期限 5 年，年利率1.8%（利払日は 5 月末と11月末の年 2 回）の条件で発行した社債について，決算にあたり必要な整理を行う。なお，社債発行差額は，償却原価法（定額法）により償却し，さらに社債発行費¥180,000があるので，これを，社債の償還期間にわたって定額法により月割償却する。

□□ 問題 4　次の取引の仕訳を行いなさい。
（1）　X 1 年 1 月 1 日　備品¥80,000を取得し，代金は小切手を振り出して支払った。当社には，当該備品の除去に関する法律上義務があり，そのために必要な経費として，¥10,000を負債に計上する。
（2）　X 1 年12月31日　決算にあたり，必要な決算整理を行う。備品は耐用年数は 5 年，残存価額はゼロとして，定額法（間接法）によって減価償却し，時の経過による資産除去債務の調整額は¥2,000である。
（3）　X 6 年12月31日に備品を除却し，除却費用¥10,000は小切手を振り出して支払った。

解答・解説

	借方科目	金額	貸方科目	金額
(1)	当 座 預 金	970,000	社　　　　債	970,000
	社 債 発 行 費	80,000	現　　　　金	80,000
(2)	社 債 利 息	10,000	当 座 預 金	10,000
(3)	社 債 利 息	10,000	当 座 預 金	10,000
	社 債 利 息	6,000	社　　　　債	6,000
	繰延社債発行費	64,000	社 債 発 行 費	64,000

（1）　¥1,000,000×@¥97÷@¥100＝¥970,000

（2）　¥1,000,000×2％×6ヵ月÷12ヵ月＝¥10,000

（3）　（¥1,000,000－¥970,000）×12ヵ月÷60ヵ月＝¥6,000

　　　¥80,000×48ヵ月÷60ヵ月＝¥64,000

　なお，（1）で繰延社債発行費¥80,000を計上しておき，決算整理で経過分の社債発行費償却を費用計上する方法も，結果的には同じになるので認められるが，解答の方法がより適切である。

	借方科目	金額	貸方科目	金額
(1)	当 座 預 金	41,600,000	社　　　　債	41,600,000
	社 債 発 行 費	200,000	現　　　　金	200,000
(2)	社 債 利 息	90,000*1	未 払 利 息	250,000*2
	社　　　　債	160,000*1		

（1）　打歩発行であり，額面より高い金額¥41,600,000（＝額面¥40,000,000×¥104÷¥100）で発行されている。なお，社債発行のための諸費用¥200,000は社債発行費勘定（費用）で処理するのが原則的な簿記処理である。

（2）

＊1　下記＊2と＊3の差額である。

＊2　¥160,000＝社債発行差額¥1,600,000×6ヵ月÷60ヵ月

　　　打歩発行なので貸方に計上された社債発行差額も，償還期間にわたって，額面金

額にするために時間の経過とともに減額する必要がある。

＊3　¥250,000＝¥40,000,000×2.5%×3ヵ月÷12ヵ月

問題 3

借方科目	金額	貸方科目	金額
社　債　利　息	288,000	社　　　　　債	48,000＊1
		未　払　利　息	240,000＊2
繰延社債発行費	168,000	社　債　発　行　費	168,000＊3

＊1　¥48,000＝¥720,000×4ヵ月÷60ヵ月

　　　なお，社債発行差額¥720,000＝¥40,000,000×（¥100－¥98.2）÷¥100）と算出される。

＊2　¥240,000＝¥40,000,000×1.8%×4ヵ月÷12ヵ月

＊3　¥168,000＝¥180,000×56ヵ月÷60ヵ月

問題 4

	借方科目	金額	貸方科目	金額
(1)	備　　　　　品	90,000	当　座　預　金	80,000
			資　産　除　去　債　務	10,000
(2)	減　価　償　却　費	18,000	備品減価償却累計額	18,000
	減　価　償　却　費	2,000	資　産　除　去　債　務	2,000
(3)	減　価　償　却　費	18,000	備品減価償却累計額	18,000
	備品減価償却累計額	90,000	備　　　　　品	90,000
	資　産　除　去　債　務	10,000	当　座　預　金	10,000

（2）　減価償却費¥18,000＝備品取得原価¥90,000÷5年

　　　なお，時間の経過による資産除去債務の調整額は，当期の費用（減価償却費）とする。

49

13 資本（純資産）会計（1）
（株式の発行と株主資本間の振替）

Summary

■ 株式発行時の会計処理

原則：払込金額の全額を**資本金勘定（純資産）**で処理する。

容認：払込金額の2分の1を資本金の最低額とし，残額を**資本準備金勘定（純資産）**で処理する。

株式の発行費用は，会社設立時の場合は**創立費勘定（費用）**，増資の場合は**株式交付費勘定（費用）**で処理するが，繰延経理することができる。会社設立時の会計処理（容認）は次のとおりである。

（借）	現		金	1,000,000	（貸）	資	本	金	500,000
						資 本 準 備 金			500,000
（借）	創	立	費	100,000	（貸）	現		金	100,000

□□ **問題 1** 貸借対照表における純資産の部の構成について，右図の（イ）～（ヘ）に適切な語句を記入しなさい。

□□ **問題 2** 期中に増資を目的として1株あたり¥5,000で3,000株を募集し，その全株式の申し込みを受け，払込金の全額を新株式申込証拠金として受け入れ，別段預金として処理している。本日，払込金額のうち会社法に定められた最低額を資本金に組み入れると同時に，別段預金を当座預金としたので，その仕訳を示しなさい。

I （イ）
  1 資本金
  2 （ロ）
    （1）資本（ニ）
    （2）（ホ）
  3 （ハ）
    （1）利益（ニ）
    （2）（ヘ）
II 評価・（ト）

□□ **問題 3** 期中に株式5,000株を1株あたり¥6,000で発行している（払込期日をX3年12月31日とする公募増資である）。この時に，株式交付費¥100,000が差し引かれた後の¥29,900,000を仮受金勘定で処理していることが判明した。決算にあたり，その修正仕訳を示しなさい。なお，資本金の額は，払込金額のうち会社法で定められた最低額とする。株式交付費は，原則的な方法を用いて処理すること。

□□ **問題 4** 次の一連の取引について仕訳を示しなさい。
（1） 東京商事株式会社は，1株あたり¥600で4,500株を募集した。払込期日に全株式が申し込まれたので，払込金額の全額を新株式申込証拠金として受け入れ，別段預金として処理した。
（2） 払込期日になったので，新株式申込証拠金を資本金へ振り替えるとともに，別段預金を当座預金へ振り替えた。

□□ **問題 5** 次の取引について仕訳を示しなさい。
（1） 決算日に，繰延資産として計上した繰延創立費¥500,000の償却を5年間の定額法で行った。
（2） 決算日に，繰延資産として計上した繰延株式交付費¥300,000の償却を3年間の定額法で行った。

□□ **問題 6** 次の取引について仕訳を示しなさい。
（1） 資本準備金¥100,000を資本金に振り替えた。
（2） 利益準備金¥100,000を資本金に振り替えた。
（3） 資本金¥300,000を減少させ，株主へ¥280,000の払い戻しを行い，当座預金口座から支払った。
（4） 資本準備金¥100,000を減少させ，資本準備金減少差益に振り替えた。

解答・解説

問題 1

（イ）株主資本　　　　（ロ）資本剰余金　　　　（ハ）利益剰余金

（二）準備金　　　　　（ホ）その他資本剰余金

（ヘ）その他利益剰余金　　（ト）換算差額等

問題 2

借方科目	金額	貸方科目	金額
新株式申込証拠金	15,000,000	資 本 金	7,500,000
		資 本 準 備 金	7,500,000
当 座 預 金	15,000,000	別 段 預 金	15,000,000

　払込期日になったので，**新株式申込証拠金勘定（純資産）**から**資本金勘定（純資産）**と**資本準備金勘定（純資産）**に振り替えるとともに，**別段預金勘定（資産）**から**当座預金勘定（資産）**へ振り替える。問題文の指示から，資本準備金勘定の金額は払込金額の2分の1となる。

問題 3

借方科目	金額	貸方科目	金額
仮 受 金	29,900,000	資 本 金	15,000,000
株 式 交 付 費	100,000	資 本 準 備 金	15,000,000

株式発行時には次の仕訳が行われている。

（借）当 座 預 金　29,900,000　（貸）仮 受 金　29,900,000

　仮受金勘定で記録されている金額を，資本金勘定（純資産）および資本準備金勘定（純資産）に振り替える。問題文の指示から，資本準金勘定の金額は払込金額の2分の1となる。

	借方科目	金額	貸方科目	金額
(1)	別　段　預　金	2,700,000	新株式申込証拠金	2,700,000
(2)	新株式申込証拠金	2,700,000	資　　本　　金	2,700,000
	当　座　預　金	2,700,000	別　段　預　金	2,700,000

　新株式申込証拠金勘定（純資産）で処理されていた¥2,700,000（＠¥600×4,500株）を，資本金勘定（純資産）と資本準備金勘定（純資産）に振り替える。問題文に特段の指示がないことから，新株式申込剰余金の全額を資本金勘定に振り替える。

	借方科目	金額	貸方科目	金額
(1)	創　立　費　償　却	100,000	繰　延　創　立　費	100,000
(2)	株式交付費償却	100,000	繰延株式交付費	100,000

　本問はユニット10の復習問題である。

　創立費を繰延資産として処理した場合，会社成立後5年以内に定額法により償却を行う。創立費償却は営業外費用に表示する。

　株式交付費を繰延資産として処理した場合，新株発行後3年以内に定額法により償却を行う。株式交付費償却は営業外費用に表示する。

	借方科目	金額	貸方科目	金額
(1)	資　本　準　備　金	100,000	資　　本　　金	100,000
(2)	利　益　準　備　金	100,000	資　　本　　金	100,000
(3)	資　　本　　金	300,000	当　座　預　金	280,000
			資本金減少差益	20,000
(4)	資　本　準　備　金	100,000	資本準備金減少差益	100,000

　（3）の資本金減少差益勘定と（4）の資本準備金減少差益勘定は，その他資本剰余金勘定または資本金および資本準備金減少差益勘定として処理する場合もあるので，問題文の指示に従うこと。

14 資本（純資産）会計（2）
（会社の合併・買収）

Summary

■ 吸収合併の会計処理

吸収合併の会計処理では，消滅会社から受け入れる資産・負債の時価の差額と，増加する資本（交付した株式）の金額との間に差額が生じる。その差額は，**のれん勘定（資産）**もしくは**負ののれん発生益勘定（収益）**で処理する。

（1）　増加する資本が受け入れる純資産額より大きい場合の仕訳

（借）	諸　資　産	80,000	（貸）	諸　負　債	30,000
	の　れ　ん	20,000		資　本　金	70,000

（2）　増加する資本が受け入れる純資産額より小さい場合の仕訳

（借）	諸　資　産	80,000	（貸）	諸　負　債	30,000
				資　本　金	40,000
				負ののれん発生益	10,000

□□ **問題 1** ㈱東京商事は，㈱神奈川商会を吸収合併した。合併に関するデータは次のとおりである。㈱東京商事の合併仕訳を示しなさい。

（1）　㈱東京商事は㈱神奈川商会の株主に対して，1株あたり¥500（時価）の新株を50,000株発行した。その株式はすべて普通株式である。

（2）　合併期日（企業結合日）の㈱神奈川商会に関するデータ
　　　　諸資産の時価：¥146,000,000
　　　　諸負債の時価：¥128,000,000

（3）　㈱東京商事は，新株の払込金額のうち¥22,000,000を資本金とし，残額を資本準備金とした。

問題 2 ㈱埼玉商事は，X3年3月31日に㈱群馬商会を吸収合併した。合併直前の両社の貸借対照表および合併に関するデータは次のとおりである。㈱埼玉商事の合併直後の貸借対照表を作成しなさい。

（1） 両社の貸借対照表

貸 借 対 照 表
X3年3月31日
(単位：千円)

資　　　　　産	㈱埼玉商事	㈱群馬商会	負債・純資産	㈱埼玉商事	㈱群馬商会
諸　資　産	718,000	248,000	諸　負　債	324,000	165,000
			資　本　金	120,000	40,000
			資本剰余金	90,000	6,000
			利益剰余金	184,000	37,000
資 産 合 計	718,000	248,000	負債・純資産合計	718,000	248,000

（2） ㈱埼玉商事は㈱群馬商会の株主へ1株あたり¥5,000の普通株式を12,000株発行し，同時に¥4,000,000の現金を交付した。

（3） 諸資産・諸負債の時価に関するデータ

　　　　㈱埼玉商事：¥683,000,000

　　　　㈱群馬商会：¥214,000,000

両社ともに諸負債の時価は帳簿価額と同額であった。

（4） ㈱埼玉商事は新株の払込価額のうち，会社法に定められた最低額を資本金に組み入れている。

□□ **問題 3** 次の一連の取引について仕訳を示しなさい。

（1） 当期首に，他社の店舗を買収し，その代金¥5,000,000を現金で支払った。その店舗がもつ資産の時価は，建物¥1,500,000，土地¥2,000,000，商品¥1,000,000であった。

（2） 決算日に，当期首に計上したのれんを20年間の定額法により償却する。

□□ **問題 4** ㈱九州産業は㈱山口産業を吸収合併し，1株あたり¥400で30,000株を交付したので，この仕訳を示しなさい。なお，㈱山口産業の諸資産の時価は¥50,000,000，諸負債の時価は36,000,000である。

解答・解説

借方科目	金額	貸方科目	金額
諸　　資　　産	146,000,000	諸　　負　　債	128,000,000
の　　れ　　ん	7,000,000	資　　本　　金	22,000,000
		資 本 準 備 金	3,000,000

　取得原価が，受け入れた資産・負債の時価の差額を上回っているので，差額を**のれん勘定（資産）**で処理する。

　　　受け入れた資産・負債の時価（純額）＝￥146,000,000 －￥128,000,000
　　　対価（時価）＝50,000株×＠￥500
　　　のれん＝￥25,000,000 －￥18,000,000（貸借差額）

合併貸借対照表
X3年3月31日　　　　　　　　　　　　　（単位：千円）

諸　　資　　産	928,000	諸　　負　　債	(489,000)
（ の　　れ　　ん)	(15,000)	資　　本　　金	(150,000)
		資 本 剰 余 金	(120,000)
		利 益 剰 余 金	(184,000)
資　産　合　計	(943,000)	負債・純資産合計	(943,000)

諸資産＝￥718,000 ＋￥214,000 －￥4,000
諸負債＝￥324,000 ＋￥165,000
資本金＝￥120,000 ＋￥30,000
資本剰余金＝￥90,000 ＋￥30,000
利益剰余金＝￥184,000（貸借対照表より）

　なお，解答用紙の貸借対照表・上記計算式は千円単位であることに留意すること。

　解答のために必要な仕訳は以下のとおりである（単位：千円）。

(借)	諸　　資　　産	214,000	(貸)	諸　　負　　債	165,000
	の　　れ　　ん	15,000		資　　本　　金	30,000
				資 本 準 備 金	30,000
				現　　　　金	4,000

資本金および資本準備金＝12,000株×＠￥5

のれん＝貸借差額

問 題 3 ………………………………………………………………………………………

	借方科目	金額	貸方科目	金額
(1)	建　　　　　物	1,500,000	現　　　　　金	5,000,000
	土　　　　　地	2,000,000		
	仕　　　　　入	1,000,000		
	の　　れ　　ん	500,000		
(2)	の れ ん 償 却	25,000	の　　れ　　ん	25,000

のれん＝貸借差額

（1）において，商品は仕入勘定で仕訳を行う。繰越商品勘定を用いることもある。（2）において，のれんは20年以内に定額法で償却する。**のれん償却勘定（費用）**は販売費及び一般管理費に表示される。

問 題 4 ………………………………………………………………………………………

借方科目	金額	貸方科目	金額
諸　　資　　産	50,000,000	諸　　負　　債	36,000,000
		資　　本　　金	12,000,000
		負ののれん発生益	2,000,000

　負ののれん発生益勘定（収益）は，損益計算書の特別利益の区分に表示される。

15 資本（純資産）会計（3）
（剰余金の配当・損失の処理・欠損てん補）

Summary

1 剰余金の配当の簿記処理

　株主総会において，繰越利益剰余金から株主へ¥400,000の配当を行うことが決議されたときの仕訳は次のとおりである。なお，配当に伴って，会社法に規定された額の利益準備金を積み立てる。

（借）	繰越利益剰余金	440,000	（貸）	利 益 準 備 金	40,000
				未 払 配 当 金	400,000

配当金の1/10：¥400,000×1/10＝¥40,000

　なお，利益準備金として積み立てなければならない金額は，次のいずれか少ない方の額である。

　・資本金$\times\dfrac{1}{4}-$（資本準備金＋利益準備金）

　・配当額$\times\dfrac{1}{10}$

2 欠損てん補の簿記処理

当期純損失¥600,000を計上したときの仕訳は次のとおりである。

（借）	繰越利益剰余金	600,000	（貸）	損 　 益	600,000

　この結果，繰越利益剰余金の借方残高が¥600,000となったとして，その借方残高¥600,000のうち，¥300,000を任意積立金で，¥300,000を利益準備金によりてん補したときの仕訳は次のとおりである。

（借）	任 意 積 立 金	300,000	（貸）	繰越利益剰余金	600,000
	利 益 準 備 金	300,000			

□□ **問題 1** ㈱神奈川商事の繰越利益剰余金は，借方残高￥1,500,000である。この度，株主総会の特別決議により，資本準備金￥2,000,000を取り崩して，欠損をてん補することとなったので，その仕訳を示しなさい。

□□ **問題 2** ㈱埼玉商事は，繰越利益剰余金を財源として，株主へ￥1,500,000を配当することを決定した。配当に伴い，会社法に規定された準備金を積み立てる。次に示す株主総会時における㈱埼玉商事のデータに基づいて仕訳を示しなさい。

　　　　株主総会時における㈱埼玉商事のデータ

　　　資本金：￥16,000,000　　　資本準備金：￥3,700,000

　　　利益準備金：￥240,000

□□ **問題 3** 株主総会において，その他資本剰余金からの配当￥1,500,000を行うことが決議されたので，その仕訳を示しなさい。なお，配当時点での資本金の残高は￥16,000,000，資本準備金の残高は￥3,700,000，利益準備金の残高は￥240,000であり，配当に伴って，会社法に規定された額の準備金を積み立てる。

□□ **問題 4** 次の資料にもとづき，㈱千葉商会のＸ２年３月期における株主資本等変動計算書を作成しなさい。

（1）　期首の繰越利益剰余金の残高は￥4,260,000であった。

（2）　当期中に，剰余金の配当￥2,500,000を行うことが決定された。当該配当は，決定の翌日に，当座預金からの支払いが完了している。配当に伴い，利益準備金￥250,000を積み立てている。

（3）　当期純利益は￥4,560,000であった。

解答・解説

問題 1..

借方科目	金額	貸方科目	金額
資 本 準 備 金	2,000,000	繰越利益剰余金 資本準備金減少差益	1,500,000 500,000

　欠損てん補にあたり，取り崩した資本準備金勘定（純資産）とてん補した繰越利益剰余金勘定（純資産）との差額は，資本準備金減少差益（その他資本剰余金）勘定（純資産）で処理する。

問題 2..

借方科目	金額	貸方科目	金額
繰越利益剰余金	1,560,000	未 払 配 当 金 利 益 準 備 金	1,500,000 60,000

　（1）資本金の4分の1の額から資本準備金と利益準備金の合計額を控除した金額と（2）配当額の10分の1の額を比較してどちらか少ない金額をその他資本剰余金からの配当の場合には資本準備金（純資産），その他利益剰余金からの配当の場合には利益準備金（純資産）に積み立てなければならない。本問の計算過程は次のとおりである。

（1）　¥16,000,000×1/4 −（¥3,700,000 + ¥240,000）= ¥60,000
（2）　¥1,500,000×1/10 = ¥150,000
（3）　利益準備金積立額：（2）¥150,000 ＞（1）¥60,000　⇒¥60,000

問題 3..

借方科目	金額	貸方科目	金額
その他資本剰余金	1,560,000	未 払 配 当 金 資 本 準 備 金	1,500,000 60,000

　上述のとおり，その他資本剰余金を財源として配当を行った場合には，資本準備金を積み立てる。計算方法は **問題 2** と同様である。

問題 **4** ....

　期中取引に関する仕訳は次のとおりである。下記の仕訳を株主資本等変動計算書の該当箇所に記入する。

	借方科目	金額	貸方科目	金額
(1)	仕 訳 な し			
(2)	繰越利益剰余金	2,750,000	利 益 準 備 金	250,000
			未 払 配 当 金	2,500,000
	未 払 配 当 金	2,500,000	当 座 預 金	2,500,000
(3)	損　　　　益	4,560,000	繰越利益剰余金	4,560,000

株主資本等変動計算書　　　　　　　　　（単位：千円）

	株 主 資 本						純資産合計
	資本金	資本剰余金	利 益 剰 余 金			株 主 資 本 合 計	
		資 本 準 備 金	利 益 準 備 金	その他利益剰余金			
				任 意 積 立 金	繰越利益剰余金		
当期首残高	16,000	500	300	200	4,260	21,260	21,260
当期変動額							
剰余金の配当			250		△2,750	△2,500	△2,500
当期純利益					4,560	4,560	4,560
当期変動額合計			250		1,810	2,060	2,060
当期末残高	16,000	500	550	200	6,070	23,320	23,320

　解答用紙に合わせて，株主資本等変動計算書は千円単位で記入すること。

16

決算(1)
(決算整理事項(1))

Summary

　期中取引を転記しただけでは正しい金額を示していない勘定がある。決算において，そのような勘定が正しい金額を示すよう勘定残高を修正する手続きを決算整理という。1級で新たに出題される決算整理事項には，満期保有目的の債券・その他有価証券の評価，リース取引の整理，繰延資産の償却，社債の評価などがある。また，決算整理を行う前に，期中処理に対する検討事項がある場合は，必要に応じて勘定残高の修正を行う。

□□ 問題　次の［検討事項］と［決算整理事項］を仕訳しなさい。なお，会計期間はX1年4月1日～X2年3月31日の1年間である。なお，仕訳が必要ない場合には，借方科目欄に「仕訳なし」と記入すること。

［検討事項］

1．決算整理に先立ち，当座預金勘定残高と取引銀行の残高証明書との不一致が判明した。不一致の原因を調べたところ，次の事実が判明した。

（1）　仕入先へ買掛金¥540を支払うために振り出した小切手が未取付であった。

（2）　広告宣伝費¥2,200を支払うために振り出した小切手が手渡されず，金庫に保管されたままであった。

2．退職者に対して退職一時金¥14,630を支払った際に仮払金で処理していた。

3．得意先から売掛金¥1,500を回収した際に仮受金で処理していた。

4．当社は，消費税の処理方法として税抜方式によっている。本日，消費税の整理を行う。なお，消費税の仮払額は¥97,110，仮受額は¥203,870であり，それぞれ仮払金と仮受金で処理していた。

［決算整理事項］

1．売上債権の期末残高に対して，1.2％の貸倒引当金を見積もる（差額補充法によること）。決算整理前残高試算表の金額は，次のとおり。

受取手形¥357,900　　売掛金¥373,600　　貸倒引当金¥2,410

2．有価証券勘定¥186,000の内訳は，次のとおりである。

銘　　柄	保有株(口)数	取得原価	期末時価	保有目的
A社社債	1,000口	¥98/口	¥98/口	満期保有(注1)
B社株式	1,600株	¥55/株	¥57/株	その他(注2)

(注1)　X1年4月1日に額面¥100につき¥98で取得したもので，券面利率年2.8％（なお，当期分に関する処理は適切に行われている），償還期限はX6年3月31日である。取得原価と額面金額の差額は金利の調整と認められ，償却原価法（定額法）を適用する。

(注2)　法定実効税率30％とした税効果会計を適用する（全部純資産直入法）。

3．期末商品棚卸高は，次のとおりである。なお，商品評価損は売上原価の内訳項目とし，棚卸減耗費は営業外費用に計上する。また，期首商品棚卸高は¥121,820である。ただし，売上原価の計算は仕入勘定で行うこととする。

帳簿棚卸数量　1,440個　　取得原価　¥80/個

実地棚卸数量　1,415個　　正味売却価額　¥78/個

4．有形固定資産の減価償却を行う（記帳方法は間接法とする）。

建物　取得原価¥2,520,000　減価償却累計額¥2,121,000

　　　耐用年数30年　残存価額ゼロ　定額法

備品　取得原価¥660,000　減価償却累計額¥165,000

　　　耐用年数8年　残存価額ゼロ　200％定率法（償却率0.250）

5．ソフトウェア¥16,500（決算整理前残高試算表の金額）は，X0年11月1日に自社利用目的で購入したものであり，有効期間5年で，定額法により償却している。

6．退職給付引当金の当期繰入額は¥16,870である。

7．保険料¥75,600は，X1年12月1日に向こう3年分を支払ったものである。

8．当期の法人税等¥29,500を計上する。なお，中間申告時に¥15,400をすでに納付している。

解答・解説

[検討事項]

	借方科目	金額	貸方科目	金額
1(1)	仕　訳　な　し			
1(2)	当　座　預　金	2,200	未　　払　　金	2,200
2.	退職給付引当金	14,630	仮　　払　　金	14,630
3.	仮　　受　　金	1,500	売　　掛　　金	1,500
4.	仮　　受　　金	203,870	仮　　払　　金	97,110
			未 払 消 費 税	106,760

[決算整理事項]

	借方科目	金額	貸方科目	金額
1.	貸倒引当金繰入	6,350	貸 倒 引 当 金	6,350
2.	満期保有目的債券	98,000	有　価　証　券	186,000
	その他有価証券	88,000		
	満期保有目的債券	400	有 価 証 券 利 息	400
	その他有価証券	3,200	繰 延 税 金 負 債	960
			その他有価証券評価差額金	2,240
3.	仕　　　　　入	121,820	繰　越　商　品	121,820
	繰　越　商　品	115,200	仕　　　　　入	115,200
	棚 卸 減 耗 費	2,000	繰　越　商　品	2,000
	商 品 評 価 損	2,830	繰　越　商　品	2,830
	仕　　　　　入	2,830	商 品 評 価 損	2,830
4.	減 価 償 却 費	207,750	建物減価償却累計額	84,000
			備品減価償却累計額	123,750
5.	ソフトウェア償却	3,600	ソ フ ト ウ ェ ア	3,600
6.	退 職 給 付 費 用	16,870	退職給付引当金	16,870
7.	前 払 保 険 料	25,200	保　　険　　料	67,200
	長期前払保険料	42,000		
8.	法　　人　　税　　等	29,500	仮 払 法 人 税 等	15,400
			未 払 法 人 税 等	14,100

１．貸倒引当金繰入

＝（¥357,900＋¥373,600－¥1,500）×1.2％－¥2,410

２．有価証券勘定の整理

満期保有目的債券＝1,000口×@¥98＝¥98,000

その他有価証券＝1,600株×@¥55＝¥88,000

有価証券利息（A社社債への償却原価法の適用）

＝（¥100,000－¥98,000）×12ヵ月/60ヵ月

繰延税金負債（B社株式の時価評価）

＝1,600株×（@¥57－@¥55）×30％

3．売上原価の算定

期末商品帳簿棚卸高＝1,440個×@¥80

棚卸減耗費＝（1,440個－1,415個）×@¥80

商品評価損＝1,415個×（@¥80－@¥78）

4．有形固定資産の減価償却

建物の減価償却費＝¥2,520,000÷30年

備品の減価償却費＝（¥660,000－¥165,000）×0.25

5．ソフトウェア償却＝¥16,500×12ヵ月/55ヵ月

6．退職給付引当金の当期負担分を繰り入れる。

7．前払保険料＝¥75,600×12ヵ月/36ヵ月

長期前払保険料＝¥75,600×20ヵ月/36ヵ月

8．仮払分を充当した残額を未払法人税等勘定で処理する。

17

決算(2)
(決算整理事項(2))

□□ 問題 　次の決算整理事項について仕訳を行いなさい。なお，仕訳が必要
ない場合には，借方科目欄に「仕訳なし」と記入すること。

1. Ｘ２年４月１日に備品¥500,000（耐用年数５年，残存価額ゼロ，定額
   法による減価償却）を購入した。なお，当該備品について国庫補助金
   ¥200,000を受け取っており，圧縮記帳はＸ３年３月31日の決算整理で行
   うものとする。（1）直接減額方式による場合，（2）積立金方式による
   場合のそれぞれについて，Ｘ３年３月31日とＸ４年３月31日の決算整理
   仕訳を行いなさい。

2. 次の利子抜き法で処理されたリース資産について，（1）所有権移転
   ファイナンス・リースの場合，（2）所有権移転外ファイナンス・リース
   の場合の減価償却を行う。

   リース期間：当期首より４年間　　リース料：年額¥200,000

   見積現金購入価額：¥750,000　　残存価額：ゼロ　　耐用年数：５年

   減価償却方法：定額法　　記帳方法：間接法

3. 前期首に取得した次の備品について，（1）定額法，（2）200％定率法，
   （3）生産高比例法によって減価償却を行う。

   取得原価：¥1,000,000　　残存価額：ゼロ　　耐用年数：５年

   総稼働可能時間：2,000時間　　当期稼働時間：350時間

   記帳方法：間接法

4. 備品（取得原価¥1,000,000，当期末減価償却累計額¥400,000）につい
   て，減損処理を行う。この備品の当期末における正味売却価額は
   ¥450,000，使用価値は¥480,000と見積もられる。

5. 当社が所有する土地（帳簿価額：¥650,000）と建物（取得原価：
   ¥600,000，減価償却累計額¥250,000）は一体となってキャッシュ・フ
   ローを生み出しているが，収益力が低下したため減損処理を行う。当期

末における回収可能価額は¥800,000である。

6．当期首に損害保険契約を締結し，向こう5年分の保険料として
　¥600,000を現金で支払った。

7．X3年3月31日の決算に当たり，法定の最長期間にわたって，株式交
　付費の繰延資産への振替と繰延開発費の償却を行う。

（1）　X3年3月31日時点の決算整理前残高試算表

　株式交付費：¥600,000　　　繰延開発費：¥400,000

（2）　支出日

　株式交付費：X2年4月1日　　　繰延開発費：X1年4月1日

8．当期の決算に当たり，以下の処理を行う。

（1）　退職給付の当期負担分は¥350,000である。

（2）　当期に品質保証付きで販売した商品に関する保証費用を¥100,000と
　見積もる。なお，前期以前に販売したすべての商品に関する保証期限
　が当期末に到来する。商品保証引当金の残額は¥30,000である。

（3）　得意先が銀行から借り入れを行うにあたり，当社は得意先の保証人
　となった。当期末において，得意先の財政状態が悪化し，得意先の債
　務返済を肩代わりする可能性が高まったため，債務保証損失引当金
　¥200,000を計上する。

9．X2年1月1日に社債（額面¥300,000，発行価額@¥98，償還期限5
　年，利率年3％，利払日は毎年6月末日・12月末日）を発行した。X3
　年3月31日の決算に当たり必要な処理を行いなさい。なお，償却原価
　法（定額法）を適用（月割り）する。

10．仕入勘定の残高¥500,000は，仕入割戻¥15,000と仕入割引¥20,000を
　控除した後の金額である。

解答・解説

	借方科目	金額	貸方科目	金額
1. (1)X3	固定資産圧縮損	200,000	備　　　　品	200,000
	減 価 償 却 費	60,000	備品減価償却累計額	60,000
1. (1)X4	減 価 償 却 費	60,000	備品減価償却累計額	60,000
1. (2)X3	繰越利益剰余金	200,000	圧 縮 積 立 金	200,000
	減 価 償 却 費	100,000	備品減価償却累計額	100,000
	圧 縮 積 立 金	40,000	繰越利益剰余金	40,000
1. (2)X4	減 価 償 却 費	100,000	備品減価償却累計額	100,000
	圧 縮 積 立 金	40,000	繰越利益剰余金	40,000
2. (1)	減 価 償 却 費	150,000	リース資産減価償却累計額	150,000
2. (2)	減 価 償 却 費	187,500	リース資産減価償却累計額	187,500
3. (1)	減 価 償 却 費	200,000	備品減価償却累計額	200,000
3. (2)	減 価 償 却 費	240,000	備品減価償却累計額	240,000
3. (3)	減 価 償 却 費	175,000	備品減価償却累計額	175,000
4.	減 損 損 失	120,000	備　　　　品	120,000
5.	減 損 損 失	200,000	土　　　　地	130,000
			建　　　　物	70,000
6.	前 払 保 険 料	120,000	保 　険　 料	480,000
	長 期 前 払 保 険 料	360,000		
7.	繰延株式交付費	400,000	株 式 交 付 費	400,000
	開 発 費 償 却	100,000	繰 延 開 発 費	100,000
8.	退 職 給 付 費 用	350,000	退 職 給 付 引 当 金	350,000
	商品保証引当金繰入	100,000	商 品 保 証 引 当 金	100,000
	商 品 保 証 引 当 金	30,000	商品保証引当金戻入	30,000
	債務保証損失引当金繰入	200,000	債務保証損失引当金	200,000
9.	社 債 利 息	2,250	未 払 社 債 利 息	2,250
	社 債 利 息	1,200	社 　　　債	1,200
10.	仕 　　　入	20,000	仕 入 割 引	20,000

1.

（1）　直接減額方式では，補助金相当額を固定資産から直接減額するか
　　　たちで圧縮記帳を行うため，減価償却は補助金相当額控除後の金額
　　　¥300,000がベースとなる。

（2）　積立金方式では，補助金相当額を圧縮積立金として積み立ててお
　　　き，通常の減価償却を行ったうえで，圧縮積立金を耐用年数にわたっ

て取り崩す。

2.
（1） 所有権移転ファイナンス・リースの場合，リース期間終了後，当
　　該固定資産を引き取り，継続利用するため，取得原価¥750,000（利
　　子抜き法）を本来の耐用年数5年にわたって減価償却を行う。
（2） 所有権移転外ファイナンス・リースの場合，リース期間終了後，当
　　該固定資産を返却するため，取得原価¥750,000（利子抜き法）を
　　リース期間の4年にわたって減価償却を行う。

3.
（1） 減価償却費＝（¥1,000,000－¥0）÷5年
（2） 減価償却費＝（¥1,000,000－¥400,000）÷5年×200％
（3） 減価償却費＝（¥1,000,000－¥0）×350時間/2,000時間

4. 正味売却価額¥450,000と使用価値¥480,000のうち高い方が回収可能価
　額となる。よって，本問では回収可能価額は¥480,000となり，帳簿価額
　¥600,000と回収可能価額の差額を減損損失とする。

5. 減損損失＝帳簿価額（¥650,000＋¥350,000）－回収可能価額¥800,000
　　　　　＝¥200,000
　　配分額　土地：¥200,000×¥650,000／¥1,000,000＝¥130,000
　　　　　　建物：¥200,000×¥350,000／¥1,000,000＝¥70,000

6. 次年度以降の部分は長期前払費用とする。

7. 株式交付費は3年で償却するため2年分を繰延株式交付費勘定（資産）
　へ振り替える。繰延開発費は5年で償却する。前期末に1回償却されて
　いるため，残り4年で償却する。

8. 当期に負担すべき金額を当期の費用として計上する。

9. X3年6月30日に支払う利息のうち1/1～3/31分の社債利息
　　＝¥300,000×3％×3ヵ月/12ヵ月＝¥2,250
　　償却原価法の適用に伴う社債利息
　　＝（¥300,000－¥300,000×@¥98/@¥100）×12ヵ月/60ヵ月＝¥1,200

10. 仕入割引は利息の性格を有するため仕入勘定から控除するのではなく，
　　仕入割引勘定（収益）で処理するため，仕入勘定を増加させる（戻入れ
　　る）とともに，仕入割引勘定を改めて計上する。

18 決算(3)
(大陸式決算法)

Summary

　勘定の締切方法には，英米式決算法の他に大陸式決算法がある。以下では，大陸式決算法による締切手順を示す。

（1）　収益・費用の各勘定残高を損益勘定へ振り替える。

（2）　損益勘定の残高（当期純損益）を繰越利益剰余金勘定へ振り替える。

（3）　収益・費用の各勘定と損益勘定を締め切る。

（4）　資産・負債・純資産の各勘定を閉鎖残高勘定へ振り替える。

| （借） | 閉 鎖 残 高 | ×× | （貸） | 資 産 の 勘 定 | ×× |
| （借） | 負債・純資産の勘定 | ×× | （貸） | 閉 鎖 残 高 | ×× |

（5）　資産・負債・純資産の各勘定と閉鎖残高勘定を締め切る。

決算三勘定の関係

□□　**問題 1**　埼玉株式会社における決算整理後の勘定残高は，以下のとおりであった（この他に勘定残高はない）。大陸式決算法を採用している場合に必要な決算振替仕訳を示し，損益勘定，繰越利益剰余金勘定および閉鎖残高勘定を完成しなさい（単位：円）。なお，会計期間はX１年４月１日からX２年３月31日までの１年間である。

| 当 座 預 金 | 348,000 | 売 掛 金 | 204,000 |
| 商　　　品 | 85,000 | 買 掛 金 | 267,000 |

資　　本　　金	200,000	繰越利益剰余金	79,000
売　　　　　上	754,000	売　上　原　価	663,000

□□ **問題 2**　千葉株式会社における決算整理後の勘定残高は，以下のとおりであった（この他に勘定残高はない）。大陸式決算法を採用している場合に必要な決算振替仕訳を示し，損益勘定，繰越利益剰余金勘定および閉鎖残高勘定を完成しなさい（単位：円）。なお，会計期間はＸ１年４月１日からＸ２年３月31日までの１年間である。

当　座　預　金	132,000	売　　掛　　金	116,000
商　　　　　品	56,000	買　　掛　　金	127,000
資　　本　　金	150,000	繰越利益剰余金	61,000
売　　　　　上	348,000	売　上　原　価	382,000

□□ **問題 3**　広島株式会社における決算整理後の収益合計は¥2,520,000，費用合計は¥2,460,000であった。大陸式決算法を採用している場合の繰越利益剰余金勘定を完成しなさい。なお，会計期間はＸ１年４月１日からＸ２年３月31日までの１年間である。

□□ **問題 4**　岡山株式会社における決算整理後の収益合計は¥1,730,000，費用合計は¥1,850,000であった。大陸式決算法を採用している場合の繰越利益剰余金勘定を完成しなさい。なお，会計期間はＸ１年４月１日からＸ２年３月31日までの１年間である。

解答・解説

問題 1　……………………………………………………………………………………

借方科目	金額	貸方科目	金額
売　　　　　上	754,000	損　　　　　益	754,000
損　　　　　益	663,000	売　上　原　価	663,000

損　　　　益	91,000	繰越利益剰余金	91,000
閉　鎖　残　高	637,000	当　座　預　金 売　　掛　　金 商　　　　品	348,000 204,000 85,000
買　　掛　　金 資　　本　　金 繰越利益剰余金	267,000 200,000 170,000	閉　鎖　残　高	637,000

損　　　　益

3/31	売 上 原 価	663,000	3/31	売　　　　　上	754,000
〃	（ 繰越利益剰余金 ）	(91,000)			
		754,000			754,000

繰越利益剰余金

6/28	未 払 配 当 金	80,000	4/1	開　始　残　高	(167,000)
〃	利 益 準 備 金	8,000	3/31	（ 損　　　益 ）	(91,000)
3/31	（ 閉 鎖 残 高 ）	(170,000)			
		(258,000)			(258,000)

開始残高：後T/B残高￥79,000＋6/28配当等（￥80,000＋￥8,000）＝￥167,000

閉　鎖　残　高

3/31	当 座 預 金	348,000	3/31	買　　掛　　金	267,000
〃	売　　掛　　金	204,000	〃	資　　本　　金	200,000
〃	商　　　　　品	85,000	〃	（ 繰越利益剰余金 ）	(170,000)
		637,000			637,000

問題 2

借方科目	借方金額	貸方科目	貸方金額
売　　　　　　上	348,000	損　　　　　益	348,000
損　　　　　益	382,000	売 上 原 価	382,000
繰越利益剰余金	34,000	損　　　　　益	34,000
閉　鎖　残　高	304,000	当　座　預　金 売　　掛　　金 商　　　　品	132,000 116,000 56,000
買　　掛　　金 資　　本　　金 繰越利益剰余金	127,000 150,000 27,000	閉　鎖　残　高	304,000

損　　益

3/31	売 上 原 価	382,000	3/31	売　　上	348,000
			〃	（ 繰越利益剰余金 ）	(34,000)
		382,000			382,000

繰越利益剰余金

6/28	未 払 配 当 金	40,000	4/1	開 始 残 高	(105,000)
〃	利 益 準 備 金	4,000			
3/31	（ 損　　益 ）	(34,000)			
〃	（ 閉 鎖 残 高 ）	(27,000)			
		(105,000)			(105,000)

開始残高：後T/B残高￥61,000＋6/28配当等（￥40,000＋￥4,000）＝￥105,000

閉 鎖 残 高

3/31	当 座 預 金	132,000	3/31	買 掛 金	127,000
〃	売 掛 金	116,000	〃	資 本 金	150,000
〃	商 品	56,000	〃	（ 繰越利益剰余金 ）	(27,000)
		304,000			304,000

問題 3

繰越利益剰余金

6/28	未 払 配 当 金	50,000	(4/1)	（ 開 始 残 高 ）	126,000
〃	利 益 準 備 金	5,000	(3/31)	（ 損　　益 ）	(60,000)
(3/31)	（ 閉 鎖 残 高 ）	(131,000)			
		(186,000)			(186,000)

問題 4

繰越利益剰余金

6/28	未 払 配 当 金	30,000	(4/1)	（ 開 始 残 高 ）	197,000
〃	利 益 準 備 金	3,000	(3/31)	（ 損　　益 ）	(120,000)
(3/31)	損　　益	(120,000)			
〃	（ 閉 鎖 残 高 ）	(44,000)			
		(197,000)			(197,000)

　ちなみに，英米式決算法を採用している場合には，**問題 3** でも **問題 4** でも，（開始残高）は（前期繰越）に，（閉鎖残高）は（次期繰越）になる。

19 本支店会計（1）
（支店間取引・合併財務諸表の作成）

Summary

1 本支店間の取引（長野支店が山梨支店に商品を原価で送付）

（1） 支店分散計算制度の場合

長 野 支 店	（借）	山 梨 支 店	300	（貸）	仕 入 ※	300
山 梨 支 店	（借）	仕 入	300	（貸）	長 野 支 店	300
本 店	（借）	仕 訳 な し		（貸）		

（2） 本店集中計算制度の場合

長 野 支 店	（借）	本 店	300	（貸）	仕 入 ※	300
山 梨 支 店	（借）	仕 入	300	（貸）	本 店	300
本 店	（借）	山 梨 支 店	300	（貸）	長 野 支 店	300

※ 発送した事実を売上勘定で処理することもある。

2 未達取引の整理

（1） 本店は支店の水道光熱費￥100を支払ったが，支店に未達である。

支 店	（借）	水 道 光 熱 費	100	（貸）	本 店	100

（2） 支店は本店の売掛金￥200を支払ったが，本店に未達である。

本 店	（借）	支 店	200	（貸）	売 掛 金	200

3 内部取引の相殺：本店勘定と支店勘定を相殺する。両勘定残高は￥500で一致している。

（借）	本 店	500	（貸）	支 店	500

□□ 問題 **1** 当社は，大阪に本店を置き，奈良と兵庫に支店を設けている。会計処理として本店集中計算制度を採用し，商品を本支店間および支店間で発送する際には，原価をもって記録している。奈良支店は原価¥150,000の商品を兵庫支店に発送し，本店はその連絡を受けた。本店の仕訳を答えなさい。

□□ 問題 **2** 次の取引の仕訳を示しなさい。仕訳が不要の場合には，借方科目欄に「仕訳なし」と記入すること。

（1） 当社は，大阪に本店を置き，兵庫と京都に支店を設けている。会計処理として本店集中計算制度を採用し，商品を本支店間および支店間で発送する際には，原価をもって記録している。兵庫支店は原価¥550,000の商品を京都支店に発送し，本店はその連絡を受けた。本店の仕訳を答えなさい。

（2） 当社は複数の支店を開設しており，支店間の取引については支店分散計算制度を用いた記帳方法を採用している。本日，山口支店から福岡支店へ商品（原価¥800,000）を発送し，無事に到着している。このとき，本店の仕訳を示しなさい。

（3） 当社は，鹿児島に本店を置き，宮崎と沖縄に支店を設けている。会計処理は支店分散計算制度を採用し，商品を支店間で発送する際には，原価をもって記帳している。宮崎支店は原価¥110,000の商品を沖縄支店に発送し，沖縄支店は当該商品を受け取った。沖縄支店の仕訳を示しなさい。

（4） 本店を愛知に置く当社は，岐阜と静岡に支店を設けている。商品を本支店間および支店間で発送したときは，原価で記帳する。岐阜支店は商品¥370,000を発送し，その日のうちに静岡支店へ到着した。

① 支店分散計算制度を採用していた場合，静岡支店の仕訳を示しなさい。

② 本店集中計算制度を採用していた場合，本店の仕訳を示しなさい。

□□ **問題 3** 　神奈川商事株式会社は，本店のほかに支店を置き，支店の帳簿を独立させている。同社のX6年3月期の本店・支店それぞれの貸借対照表は次のとおりである。なお，本店から支店へ送金した¥1,720の現金について，支店に未達であった。神奈川商事株式会社の未達整理後の本支店合併貸借対照表を完成しなさい。

貸借対照表
X6年3月31日
(単位:円)

資　産	本　店	支　店	負債・純資産	本　店	支　店
諸　資　産	651,200	338,080	諸　負　債	301,800	159,200
支　　　　店	180,600	—	本　　　店	—	178,880
			資　本　金	300,000	—
			資 本 剰 余 金	125,300	—
			利 益 剰 余 金	104,700	—
資 産 合 計	831,800	338,080	負債・純資産合計	831,800	338,080

解答・解説

問題 1 ....

借方科目	金額	貸方科目	金額
兵　庫　支　店	150,000	奈　良　支　店	150,000

問題 2 ....

	借方科目	金額	貸方科目	金額
(1)	京　都　支　店	550,000	兵　庫　支　店	550,000
(2)	仕　訳　な　し			
(3)	仕　　　　　入	110,000	宮　崎　支　店	110,000
(4)①	仕　　　　　入	370,000	岐　阜　支　店	370,000
(4)②	静　岡　支　店	370,000	岐　阜　支　店	370,000

（1）　支店間の取引はすべて本店を経由した取引とみなす。なお，商品を発送した兵庫支店と商品を受け取る京都支店では，それぞれ次の仕訳をしている。

兵庫支店：（借）本　　店　550,000　（貸）仕　　入　550,000

京都支店：（借）仕　　入　550,000　（貸）本　　店　550,000

（2）　それぞれの支店が各支店勘定を設けて仕訳を行う。支店間取引については，本店は「仕訳なし」となる。

（3）　それぞれの支店が各支店勘定を設けて仕訳を行う。宮崎支店が沖縄支店に商品を発送したとき，宮崎支店の仕訳は次のとおりである。

宮崎支店：（借）沖縄支店　110,000　（貸）仕　　入　110,000

支店間取引については，本店は「仕訳なし」となる。

（4）①　それぞれの支店が各支店勘定を設けて仕訳を行う。岐阜支店が静岡支店に商品を発送したとき，岐阜支店の仕訳は次のとおりである。

岐阜支店：（借）静岡支店　370,000　（貸）仕　　入　370,000

支店間取引については，本店は「仕訳なし」となる。

（4）②　支店間の取引はすべて本店を経由した取引とみなす。なお，商品を発送した岐阜支店と商品を受け取る静岡支店では，それぞれ次の仕訳をしている。

岐阜支店：（借）本　　店　370,000　（貸）仕　　入　370,000

静岡支店：（借）仕　　入　370,000　（貸）本　　店　370,000

問題 3

本支店合併貸借対照表
X6年3月31日
（単位：円）

諸　　資　　産	（ 991,000 ）	諸　　負　　債	（ 461,000 ）
		資　　本　　金	（ 300,000 ）
		資 本 剰 余 金	（ 125,300 ）
		利 益 剰 余 金	（ 104,700 ）
資　産　合　計	（ 991,000 ）	負債・純資産合計	（ 991,000 ）

未達取引の仕訳は，次のとおりである。

（支店）（借）現　　金　1,720　（貸）本　　店　1,720

上記の仕訳によって本店勘定と支店勘定の金額が一致する。本支店合併の貸借対照表には本店勘定と支店勘定は記載しない。

その他の勘定について本店と支店の数値を合算し，本支店合併の貸借対照表に記載する。

20 本支店会計(2)
(精算表の作成)

Summary

1 本支店合併財務諸表を作成するときに，精算表を作成することで本店勘定と支店勘定を相殺することができる。精算表を作成するときに，未達事項の整理と決算整理を行い，内部取引の相殺を精算表上で行う。

2 帳簿の締切りは，次の手順で行われる。

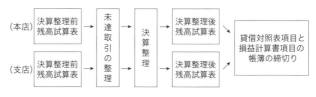

□□ **問題 1** 次の未達事項の仕訳を示しなさい。

（1） 本店より支店に発送した商品10個（単価¥1,200／個）が，支店に未達である。

（2） 支店は本店の売掛金¥300,000を回収したが，本店に未達である。

（3） 支店は本店の買掛金¥20,000を支払ったが，本店に未達である。

□□ **問題 2** 埼玉商店（個人企業，会計期間は1月1日から12月31日までの1年間）の以下の（1）未達事項と（2）決算整理事項，ならびに答案用紙の精算表の各試算表欄をもとに，精算表を作成しなさい。なお，売上原価の算定は仕入の行で行うものとする。

（1） 未達事項

① 支店で回収した本店の売掛金　　　　　　　　　¥30,000

② 本店が支払った支店の広告費　　　　　　　　　¥25,000

③ 本店から支店に送付した商品（原価）　　　　　¥48,000

④　支店から本店に送付した現金　　　　　　　　¥10,000

（2）　決算整理事項

①　期末商品棚卸高　　　　本店　　　　¥116,000

　　　　　　　　　　　　支店　　　　¥ 71,000

　　　　　　　　　　　　（未達商品は含まれていない）

②　売掛金の期末残高について4％の貸倒れを見積もる。差額補充法により処理する。

③　備品について，本支店とも定額法により減価償却を行う。

　　　残存価額　取得原価の10％　　　耐用年数　　　5年

④　消耗品の未使用高　　本店　　　¥15,000　　　支店　　　　¥4,000

⑤　保険料の前払高　　　本店　　　¥ 9,000　　　支店　　　　¥3,000

⑥　利息の未払高　　　　本店　　　¥ 3,750　　　支店　　　　¥2,250

⑦　家賃の未払高　　　　本店　　　¥10,000　　　支店　　　　¥8,000

⑧　手数料の未収高　　　本店　　　¥ 4,500　　　支店　　　　¥3,000

解答・解説

問題 1 ....

	借方科目	金額	貸方科目	金額
(1)	仕　　　　　入	12,000	本　　　　　店	12,000
(2)	支　　　　　店	300,000	売　　掛　　金	300,000
(3)	買　　掛　　金	20,000	支　　　　　店	20,000

（1）　支店で，商品が到着したものとして仕訳を行う。

（2）　本店で，売掛金が回収され，支店への貸しが増えたという仕訳を行う。

（3）　本店で，買掛金が弁済され，支店への貸しが減ったという仕訳を行う。

精　算　表　　　　　　　　　　　　　　（単位：円）

勘定科目	本店試算表 借方	本店試算表 貸方	支店試算表 借方	支店試算表 貸方	修正記入 借方	修正記入 貸方	損益計算書 借方	損益計算書 貸方	貸借対照表 借方	貸借対照表 貸方
現　　　　　金	576,000		205,000		10,000				791,000	
当 座 預 金	614,000		252,600						866,600	
売 　掛　 金	370,400		279,600			30,000			620,000	
貸 倒 引 当 金		3,530		2,310		18,960				24,800
繰 越 商 品	132,000		74,000		235,000	206,000			235,000	
支　　　　店	383,040		－		30,000	10,000				
						403,040				
備　　　　品	400,000		150,000						550,000	
備品減価償却累計額		144,000		54,000		99,000				297,000
支 払 手 形		236,200		114,000						350,200
買 　掛　 金		235,960		216,200						452,160
借 　入　 金		450,000		270,000						720,000
本　　　　店		－		330,040	403,040	25,000				
						48,000				
資 　本　 金		1,000,000								1,000,000
売　　　　上		2,325,000		1,466,300				3,791,300		
受 取 手 数 料		49,500		33,000		7,500		90,000		
仕　　　　入	1,385,000		1,122,400		48,000	235,000	2,526,400			
					206,000					
給　　　　料	300,000		230,000				530,000			
支 払 家 賃	110,000		88,000		18,000		216,000			
保 　険　 料	63,000		18,000			12,000	69,000			
広 　告　 費	50,000		30,000		25,000		105,000			
消 耗 品 費	42,000		25,000			19,000	48,000			
支 払 利 息	18,750		11,250		6,000		36,000			
	4,444,190	4,444,190	2,485,850	2,485,850						
（ 消 耗 品 ）					19,000				19,000	
貸倒引当金繰入					18,960		18,960			
減 価 償 却 費					99,000		99,000			
（前払）保険料					12,000				12,000	
（未 払） 利 息						6,000				6,000
（未 払） 家 賃						18,000				18,000
（未 収）手数料					7,500				7,500	
当 期 純（利 益）							232,940			232,940
					1,137,500	1,137,500	3,881,300	3,881,300	3,101,100	3,101,100

（1） 未達取引の整理

		借方科目	金額	貸方科目	金額
本店	①	支　　　店	30,000	売　掛　金	30,000
	②	仕 訳 な し			
	③	仕 訳 な し			
	④	現　　　金	10,000	支　　　店	10,000
支店	①	仕 訳 な し			
	②	広　告　費	25,000	本　　　店	25,000
	③	仕　　　入	48,000	本　　　店	48,000
	④	仕 訳 な し			

（2） 決算整理

		借方科目	金額	貸方科目	金額
本店	①	仕　　　入	132,000	繰 越 商 品	132,000
		繰 越 商 品	116,000	仕　　　入	116,000
	②	貸倒引当金繰　入	10,086	貸 倒 引 当 金	10,086
	③	減 価 償 却 費	72,000	備品減価償却累計額	72,000
	④	消　耗　品	15,000	消 耗 品 費	15,000
	⑤	前 払 保 険 料	9,000	保　険　料	9,000
	⑥	支 払 利 息	3,750	未 払 利 息	3,750
	⑦	支 払 家 賃	10,000	未 払 家 賃	10,000
	⑧	未 収 手 数 料	4,500	受 取 手 数 料	4,500
	相殺	本　　　店	403,040	支　　　店	403,040
支店	①	仕　　　入	74,000	繰 越 商 品	74,000
		繰 越 商 品	119,000	仕　　　入	119,000
	②	貸倒引当金繰　入	8,874	貸 倒 引 当 金	8,874
	③	減 価 償 却 費	27,000	備品減価償却累計額	27,000
	④	消　耗　品	4,000	消 耗 品 費	4,000
	⑤	前 払 保 険 料	3,000	保　険　料	3,000
	⑥	支 払 利 息	2,250	未 払 利 息	2,250
	⑦	支 払 家 賃	8,000	未 払 家 賃	8,000
	⑧	未 収 手 数 料	3,000	受 取 手 数 料	3,000

21

連結会計（1）
（資本連結の基本的処理・のれんの処理）

Summary

1 連結財務諸表とは，支配従属関係にある2つ以上の企業からなる集団を単一の組織体とみなして，親会社が当該企業集団の財政状態，経営成績及びキャッシュ・フローの状況を総合的に報告するために作成する。

2 資本連結の基本的処理

資本連結とは，親会社の子会社に対する投資とこれに対応する子会社の資本を相殺消去する処理をいう。

（1） 親会社の子会社に対する投資の金額は，支配獲得日の時価による。

（2） 子会社の資本は，子会社の個別貸借対照表上の純資産の部における株主資本および評価・換算差額等と評価差額からなる。

3 のれんの処理

親会社の子会社への投資とこれに対応する子会社の資本との相殺消去にあたり差額が生じる場合がある。この差額は投資消去差額といわれプラスの場合は**のれん勘定（資産）**として連結貸借対照表の「無形固定資産」に表示され，マイナスの場合は**負ののれん発生益勘定（収益）**として連結損益計算書の「特別利益」に表示される。なお支配獲得日の連結は連結貸借対照表のみを作成するため，負ののれん発生益勘定は連結貸借対照表の「利益剰余金」勘定に加算計上する。

□□ **問題 1** 次に示す①・②に，適語を補充しなさい。

$$
親会社の投資－子会社の資本＝
\begin{array}{|c|}
\hline
投資消\\
去差額\\
\hline
\end{array}
\begin{array}{|c|c|}
\hline
(＋) & ① \\
\hline
(－) & ② \\
\hline
\end{array}
$$

□□ 問題 2 P社（親会社：Parent Company）は，X１年３月31日に，S
社（子会社：Subsidiary Company）の発行済株式の全部を280,000千円で
取得し支配した。X１年３月31日におけるP社およびS社の貸借対照表は次
の［資料］のとおりである。必要な連結修正仕訳を示し，連結貸借対照表
を作成しなさい。なお，P社・S社ともに会計期間は４月１日から３月31日
までであり，X１年３月31日においてS社の諸資産および諸負債の時価は
帳簿価額に等しいものとする。

［資料］

貸借対照表
X1年3月31日
(単位：千円)

資産	P社	S社	負債・純資産	P社	S社
諸　　資　　産	1,120,000	780,000	諸　　負　　債	700,000	500,000
S　社　株　式	280,000		資　　本　　金	300,000	200,000
			利　益　剰　余　金	400,000	80,000
資　産　合　計	1,400,000	780,000	負債・純資産合計	1,400,000	780,000

□□ 問題 3 次の問に答えなさい。

（１） 上記 問題 2 ［資料］において，S社の諸資産の時価が795,000千円
であり，P社がS社の発行済株式の全部を320,000千円で取得した場合
の連結修正仕訳を示しなさい。

（２） （１）で生じたのれんについて10年にわたって償却する。

（３） 上記 問題 2 ［資料］において，S社の諸負債の時価が510,000千円
であり，P社がS社の発行済株式の全部を240,000千円で取得した場合
の連結修正仕訳を示しなさい。

（４） 決算を迎えた。（３）で生じた貸借差額について必要な処理があれば
行いなさい。

解答・解説

....

のれんの基礎知識

親会社の投資－子会社の資本＝ 投資消 去差額 ⌈ (＋) ①のれん
⌊ (－) ②負ののれん発生益

....

連結修正仕訳（単位：千円）

借方科目	金額	貸方科目	金額
資　本　金	200,000	S　社　株　式	280,000
利 益 剰 余 金	80,000		

連結貸借対照表
X1年3月31日
(単位：千円)

諸　資　産	(1,900,000)	諸　負　債	(1,200,000)
		資　本　金	(300,000)
		利 益 剰 余 金	(400,000)
資 産 合 計	(1,900,000)	負債・純資産合計	(1,900,000)

　連結修正仕訳は，P社の投資勘定（S社株式）280,000千円とS社の資本の資本280,000千円（資本金200,000千円＋利益剰余金80,000千円）の資本連結（相殺処理）を行う。

　　諸資産＝P社1,120,000千円＋S社780,000千円

　　諸負債＝P社700,000千円＋S社500,000千円

　　資本金＝P社300,000千円＋S社200,000千円－200,000千円

　　利益剰余金＝P社400,000千円＋S社80,000千円－80,000千円

連結修正仕訳（単位：千円）

	借方科目	金額	貸方科目	金額
(1)	諸　資　産	15,000	評　価　差　額	15,000
	資　本　金	200,000	S　社　株　式	320,000
	利　益　剰　余　金	80,000		
	評　価　差　額	15,000		
	の　れ　ん	25,000		
(2)	の　れ　ん　償　却	2,500	の　れ　ん	2,500
(3)	評　価　差　額	10,000	諸　負　債	10,000
	資　本　金	200,000	S　社　株　式	240,000
	利　益　剰　余　金	80,000	評　価　差　額	10,000
			負ののれん発生益	30,000
(4)	仕　訳　な　し			

（1）　評価差額を含めて，投資と資本の相殺消去の仕訳を行う。

評価差額＝795,000千円－780,000千円＝15,000千円

P社の投資320,000千円

　　　　　＞S社の資本280,000千円＋評価差額15,000千円

のれん＝320,000千円

　　　　－（200,000千円＋80,000千円＋15,000千円）

（2）　のれんの償却は直接法により行う。

（3）　評価差額を含めて，投資と資本の相殺消去の仕訳を行う。

評価差額＝500,000千円－510,000千円＝△10,000千円

　→負債が増加しているため，マイナスの評価差額が生じる。

P社の投資240,000千円

　　　　　＜S社の資本280,000千円－評価差額10,000千円

　→P社の投資額よりS社の資本の金額が大きいため，負ののれん
　　発生益が生じる。

負ののれん発生益＝240,000千円

　　　　　－（200,000千円＋80,000千円－10,000千円）

（4）　負ののれん発生益は発生時に収益として処理する。

22

連結会計(2)
(部分所有子会社の処理)

Summary

100%未満の保有比率の子会社の連結処理を行うとき，子会社の貸借対照表の資産と負債を時価評価し，子会社資本の株式の持分比率により，親会社の持分と非支配株主の持分に区分する。その後，親会社持分は親会社の投資（子会社株式勘定）と相殺し，非支配株主持分は**非支配株主持分勘定（純資産）**に振替える。

□□ 問題 1　部分所有子会社の基本的考え方

次に示す図表の空欄①～④に，適語を補充しなさい。

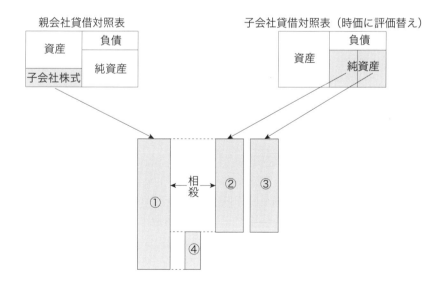

□□ **問題 2** 東京㈱は，X1年3月31日に神奈川㈱の発行済議決権株式総数の80％を79,000千円で取得し，支配を獲得した。支配獲得時の東京㈱（親会社）と神奈川㈱（子会社）の貸借対照表は，次のとおりである。

同日における東京㈱の資産および負債の時価は，帳簿価額と同じであったが，神奈川㈱の資産のうち，土地の時価は42,000千円（帳簿価額は38,000千円）であり，それ以外の資産および負債の時価は帳簿価額と同じであった。よって，支配獲得時の連結精算表を完成しなさい。なお，税効果会計は考慮外とする。

貸借対照表
X1年3月31日
（単位：千円）

資産	東京㈱	神奈川㈱	負債・純資産	東京㈱	神奈川㈱
諸　資　産	680,000	260,000	諸　負　債	461,000	200,000
S　社　株　式	79,000		資　本　金	190,000	70,000
			資　本　剰　余　金	30,000	8,000
			利　益　剰　余　金	78,000	△18,000
資　産　合　計	759,000	260,000	負債・純資産合計	759,000	260,000

（△はマイナスを意味する）

□□ **問題 3** 東京㈱は，X1年3月31日に神奈川㈱の発行済議決権株式総数の80％を45,000千円で取得し，支配を獲得した。支配獲得時の東京㈱（親会社）と神奈川㈱（子会社）の貸借対照表は，解答用紙で示したとおりであり，帳簿価額と時価評価額に差異はなかった。よって，支配獲得時の連結精算表を完成しなさい。なお，税効果会計は考慮外とする。

解答・解説

問題 1

①	子会社株式（親会社の投資）	②	親会社持分（子会社の資本）
③	非支配株主持分（子会社の資本）	④	のれん

問題 2

連結精算表
X1年3月31日
(単位：千円)

勘定科目	東京㈱（親）		神奈川㈱（子）		修正消去		連結貸借対照表	
	借方	貸方	借方	貸方	借方	貸方	借方	貸方
諸 資 産	680,000		260,000		4,000		944,000	
子 会 社 株 式	79,000					79,000		
の れ ん					27,800		27,800	
諸 負 債		461,000		200,000				661,000
資 本 金		190,000		70,000	70,000			190,000
資 本 剰 余 金		30,000		8,000	8,000			30,000
利 益 剰 余 金		78,000	18,000			18,000		78,000
評 価 差 額					4,000	4,000		
非支配株主持分						12,800		12,800
	759,000	759,000	278,000	278,000	113,800	113,800	971,800	971,800

（1） 子会社である神奈川㈱の資産及び負債を，支配獲得日（X1年3月31日）の時価で再評価し，簿価と時価との差額4,000千円（＝42,000千円－38,000千円）は，評価差額勘定（貸方）で処理する。

（借）	諸 資 産	4,000	（貸）	評 価 差 額	4,000

（2） 親会社である東京㈱の投資額と，子会社の資本額・再評価から生じた評価差額を相殺消去する。

（借）	資 本 金	70,000	（貸）	子 会 社 株 式	79,000
	資 本 剰 余 金	8,000		利 益 剰 余 金	18,000
	評 価 差 額	4,000		非支配株主持分	12,800
	の れ ん	27,800			

本問では，東京㈱は，神奈川㈱の発行済株式総数の80％を取得している

ので，20%分の非支配株主が存在している。

　　非支配株主持分＝（資本金70,000千円＋資本剰余金8,000千円

　　　−繰越利益剰余金18,000千円＋評価差額4,000千円）×20%

　なお，子会社の利益剰余金がマイナスであるため，相殺の仕訳を行う際
には，貸方に記載される点に注意する。また，貸借差額は**のれん勘定（資
産）**で処理する。

　　　のれん＝79,000千円−（70,000千円＋8,000千円−18,000千円＋4,000千円）×80%

問題 3

連結精算表
X1年3月31日
(単位：千円)

勘 定 科 目	東京㈱(親)		神奈川㈱(子)		修正消去		連結貸借対照表	
	借方	貸方	借方	貸方	借方	貸方	借方	貸方
諸 資 産	680,000		260,000				940,000	
子 会 社 株 式	45,000					45,000		
諸 負 債		427,000		200,000				627,000
資 本 金		190,000		70,000	70,000			190,000
資 本 剰 余 金		30,000		8,000	8,000			30,000
利 益 剰 余 金		78,000	18,000			18,000		81,000
						3,000		
非支配株主持分						12,000		12,000
	725,000	725,000	278,000	278,000	78,000	78,000	940,000	940,000

（1）　子会社資産・負債の時価は帳簿価額と同額であるため，時価評価は
　　必要ない。

（2）　親会社である東京㈱の投資額と，子会社の資本額を相殺消去する。

(借)	資 本 金	70,000	(貸)	子 会 社 株 式	45,000
	資 本 剰 余 金	8,000		繰越利益剰余金	18,000
				非支配株主持分	12,000
				負ののれん発生益	3,000

　負ののれん発生益勘定（収益）は連結財務諸表（精算表）においては，連
結後の利益剰余金に含めて表示する。

23

帳簿組織
（特殊仕訳帳・二重仕訳と二重転記）

Summary

現金出納帳，当座預金出納帳，売上帳，仕入帳といった補助記入帳に仕訳帳としての役割をもたせた帳簿の体系を特殊仕訳帳制度という。特殊仕訳帳制度において，総勘定元帳への転記は，以下のように行われる。なお，補助元帳への転記は，すべて個別転記である。

□□ 問題 1 次の取引を特殊仕訳帳としての仕入帳に記入して，月末に締め切りなさい。また，示された勘定口座に転記（日付と金額のみでよい）しなさい。なお，当店ではこのほかに，現金出納帳（特別欄はない），当座預金出納帳（特別欄はない）を特殊仕訳帳として用いている。

7月9日　兵庫商店から商品¥315,000を仕入れ，代金のうち¥160,000は小切手を振り出して支払い，残額は掛けとした。

14日　兵庫商店から仕入れた上記商品の一部が汚れていたため，¥6,000の返品を行い，同額を買掛金から差し引くことにした。

20日　京都商店に対する前月分の買掛金のうち¥72,000を現金で支払った。

□□ 問題 2　次の取引を特殊仕訳帳としての売上帳に記入して，月末に締め切りなさい。また，示された勘定口座に転記（日付と金額のみでよい）しなさい。なお，当店ではこのほかに，現金出納帳，当座預金出納帳及び仕入帳を特殊仕訳帳として用いている。

9月8日　栃木商店に商品￥320,000を売り渡し，代金のうち￥100,000は同店振出の小切手で受け取り，ただちに当座預金に預け入れ，残額は掛けとした。

　13日　栃木商店に売り渡した上記商品の一部が汚れていたため，￥44,000の返品を受け，同額を売掛金から差し引くことにした。

　26日　茨城商店に対する前月分の売掛金のうち￥58,000を現金で回収した。

□□ 問題 3　次の取引を特殊仕訳帳としての当座預金出納帳に記入して，月末に締め切りなさい。また，示された勘定口座に転記（日付と金額のみでよい）しなさい。なお，当店ではこのほかに，現金出納帳，売上帳（売掛金の特別欄がある）及び仕入帳（買掛金の特別欄がある）を特殊仕訳帳として用いている。

6月7日　長野商店に商品￥15,000を売り渡し，代金のうち￥5,000は同店振出の小切手で受け取り，ただちに当座預金に預け入れ，残額は掛けとした。

　15日　新潟商店から商品￥12,000を仕入れ，代金のうち￥4,000は小切手を振り出して支払い，残額は掛けとした。

　22日　長野商店に対する前月分の売掛金のうち￥6,000を同店振出の小切手で回収し，ただちに当座預金に預け入れた。

　28日　新潟商店に対する前月分の買掛金のうち￥3,000を小切手を振り出して支払った。

解答・解説

問題 1

仕　入　帳　　　　　7

X年		勘 定 科 目	摘　　　　　　要	元丁	買 掛 金	諸　口
			前 ペ ー ジ か ら		412,000	96,000
7	9	当 座 預 金	兵 庫 商 店	✓		160,000
	〃	買 掛 金	兵 庫 商 店	仕1	155,000	
	14	**買 掛 金**	**兵 庫 商 店**	**仕1**	**6,000**	
					567,000	256,000
	31		買 掛 金	11		567,000
	〃		総 仕 入 高	40		823,000
	〃		**仕 入 返 品 高**	11/40		**6,000**
			純 仕 入 高			817,000

総勘定元帳

買掛金　　　　　11

7/20	72,000	7/1	前月繰越	243,000
31	6,000	31		567,000

仕　入　　　　　40

7/31	823,000	7/31		6,000

仕入先 (買掛金) 元帳

兵庫商店　　　　　1

7/14	6,000	7/1	前月繰越	108,000
		9		155,000

京都商店　　　　　2

7/20	72,000	7/1	前月繰越	135,000

問題 2

売　上　帳　　　　　9

X年		勘 定 科 目	摘　　　　　　要	元丁	売 掛 金	諸　口
			前 ペ ー ジ か ら		352,000	74,000
9	8	当 座 預 金	栃 木 商 店	✓		100,000
	〃	売 掛 金	栃 木 商 店	得1	220,000	
	13	**売 掛 金**	**栃 木 商 店**	**得1**	**44,000**	
					572,000	174,000
	30		売 掛 金	4		572,000
	〃		総 売 上 高	30		746,000
	〃		**売 上 返 品 高**	30/4		**44,000**
			純 売 上 高			702,000

総勘定元帳

売掛金   4

9/1	前月繰越	98,000	9/26	58,000
30		572,000	30	44,000

売　上   30

9/30	44,000	9/30	746,000

得意先（売掛金）元帳

栃木商店   1

9/26	前月繰越	16,000	9/13	44,000
30		220,000		

茨城商店   2

9/1	前月繰越	82,000	9/26	58,000

問題 3

当座預金出納帳   6

X年		勘定科目	摘　要	元丁	売掛金	諸　口	X年		勘定科目	摘　要	元丁	買掛金	諸　口
6	7	売　上	長野商店	✓		5,000	6	15	仕　入	新潟商店	✓		4,000
	22	売　掛　金	長野商店	得1	6,000			28	買　掛　金	新潟商店	仕1	3,000	
					6,000	5,000						3,000	4,000
	30		売　掛　金	4		6,000		30		買　掛　金	11		3,000
	〃		当　座　預　金	2		11,000		〃		当　座　預　金	2		7,000
	〃		前　月　繰　越	✓		74,200		〃		**次　月　繰　越**	✓		**78,200**
						85,200							85,200

総勘定元帳

当座預金   2

6/1	前月繰越	74,200	6/30	7,000
30		11,000		

売掛金   4

6/1	前月繰越	14,100	6/30	6,000
30		10,000		

買掛金   11

6/30	3,000	6/1	前月繰越	9,200
		30		8,000

得意先（売掛金）元帳

長野商店   1

6/1	前月繰越	8,000	6/22	6,000
7		10,000		

仕入先（買掛金）元帳

新潟商店   1

6/28	3,000	6/1	前月繰越	4,800
		15		8,000

24 履行義務の充足・財務分析

Summary

1 履行義務の充足

　『収益認識に関する会計基準』では，履行義務を充足したときに，または充足するにつれて，収益を認識することを規定している。履行義務とは，顧客との契約において，財又はサービスを提供する義務のことをいう。「履行義務を充足する」とは，履行義務を果たすという意味である。

2 財務分析

　財務分析に使用する代表的な指標には，次のようなものがある。

総資産利益率（ROA）（%）＝当期純利益÷総資産×100

自己資本利益率（ROE）（%）＝当期純利益÷自己資本×100

流動比率（%）＝流動資産÷流動負債×100

当座比率（%）＝当座資産÷流動負債×100

□□ **問題 1**　当社（決算日：3月31日）は当期において以下の内容で取引を行った。そこで，（1）商品の引き渡し時（X1年4月1日），（2）期末（X2年3月31日）および（3）期末（X3年3月31日）の仕訳を示しなさい。

1．当期首（X1年4月1日）に，当社は㈱群馬産業と，商品 a の販売と2年間の保守サービスを提供する1つの契約を締結した。

2．当社は，当期首（X1年4月1日）に商品 a を㈱群馬産業に引き渡した。

3．保守サービスの期間は，X1年4月1日からX3年3月31日までである。

4．契約書に記載された対価の額は￥30,000であり，商品 a の引き渡し時に対価￥30,000を現金で受け取る。

5．商品 a と保守サービスを単体で販売する場合の価格は，それぞれ￥25,000と￥5,000である。

□□ 問題 2 　当社（決算日：3月31日）は当期において以下の内容で取引を行った。そこで，（1）商品Aの引き渡し時（X1年5月1日），（2）商品Bの引き渡し時（X1年7月1日）および（3）対価の受け取り時（X1年8月1日）の仕訳を示しなさい。

1．当期首（X1年4月1日）に，当社は㈱千葉産業と，商品Aと商品Bを販売する1つの契約を締結した。

2．契約書に記載された対価の額は，商品Aが￥10,000，商品Bが￥20,000である。対価は商品Aと商品Bの両方が㈱千葉産業に移転した後に支払う契約である。両商品の引き渡しが完了するまで，当社は対価に対する無条件の権利は有さない。

3．当社は，X1年5月1日に商品Aを㈱千葉産業に引き渡した。

4．当社は，X1年7月1日に商品Bを㈱千葉産業に引き渡した。

5．X1年8月1日に，本契約の対価を現金で受け取った。

□□ 問題 3 　次のX社に関する資料にもとづき，X社の（1）流動比率，（2）当座比率，（3）ROA，（4）ROEの数値を答えなさい。

＜注意事項＞

1．解答に用いる資料は，下記の資料のみとする。

2．期中平均は用いず，期末の数値を用いて計算すること。

3．解答上端数が生じた場合は，％の小数点第1位未満を四捨五入して小数第1位まで示すこと。

決算日時点のX社に関する資料（単位：千円）

資産		負債	
現金預金：	54,000	流動負債：	138,000
売上債権：	74,000	固定負債：	140,000
有価証券：	26,000		
棚卸資産：	15,000		
短期貸付金：	3,000		
固定資産：	620,000		
費用		収益	
売上原価：	480,000	売上高：	760,000
販売費及び一般管理費：	140,000	営業外収益：	46,000
法人税等：	66,000	特別利益：	10,000

解答・解説

問題 1

	借方科目	金額	貸方科目	金額
(1)	現　　　　　金	30,000	売　　　　　上 契　約　負　債	25,000 5,000
(2)	契　約　負　債	2,500	売　　　　　上	2,500
(3)	契　約　負　債	2,500	売　　　　　上	2,500

（1）において，商品の引き渡しをした時点で，商品の対価¥25,000の売上を計上する。そして保守サービスは未だ履行義務を充足していないので，**契約負債勘定（負債）** で処理する。

（2）および（3）において，1年分の保守サービスの履行義務を充足しているので，1年分の売上を計上し，1年分の契約負債を減らす。

	借方科目	金額	貸方科目	金額
(1)	契　約　資　産	10,000	売　　　　　　上	10,000
(2)	売　　掛　　金	30,000	売　　　　　　上 契　約　資　産	20,000 10,000
(3)	現　　　　　　金	30,000	売　　掛　　金	30,000

　（1）において，商品Aの引き渡しが完了した時点で，商品Aの対価
¥10,000の売上を計上する。しかし，対価の支払いは商品Bの引き渡しが
完了した後に行われるため，相手勘定は**契約資産勘定（資産）**で処理する。
　（2）において，商品Bの引き渡しが完了したことで，履行義務を充足し
たことになる。商品Bの対価¥20,000の売上を計上し，相手勘定は売掛金
となる。また，契約資産を売掛金に振り替える。

（1）　流動比率（％）：＝流動資産÷流動負債×100

$$= \frac{54,000 + 74,000 + 26,000 + 15,000 + 3,000}{138,000} \times 100$$

$$= 124.6\%$$

（2）　当座比率（％）：＝当座資産÷流動負債×100

$$= \frac{54,000 + 74,000 + 26,000 + 3,000}{138,000} \times 100$$

$$= 113.8\%$$

（3）　総資産利益率（ROA）（％）：当期純利益÷総資産×100

$$= \frac{760,000 - 480,000 - 140,000 + 46,000 + 10,000 - 66,000}{792,000} \times 100$$

$$= 16.4\%$$

（4）　自己資本利益率（ROE）（％）：当期純利益÷自己資本×100

$$= \frac{760,000 - 480,000 - 140,000 + 46,000 + 10,000 - 66,000}{792,000 - 138,000 - 140,000} \times 100$$

$$= 25.3\%$$

25

総合問題(理論)

□□ 問題 次の企業会計原則及び同注解に準拠した文章の空欄にあてはまる語を書きなさい。

（1） 企業会計は，企業の（ ア ）及び（ イ ）に関して，（ ウ ）な報告を提供するものでなければならない。

（2） 企業会計は，すべての取引につき，（ エ ）に従って，正確な（ オ ）を作成しなければならない。

（3） （ カ ）と（ キ ）とを明瞭に区別し，特に資本剰余金と利益剰余金とを混同してはならない。

（4） 企業会計は，財務諸表によって，（ ク ）に対し必要な会計事実を明瞭に表示し，企業の状況に関する（ ケ ）を誤らせないようにしなければならない。

（5） 企業会計は，その処理の（ コ ）及び（ サ ）を毎期（ シ ）して適用し，みだりにこれを変更してはならない。

（6） 企業の財政に（ ス ）な影響を及ぼす可能性がある場合には，これに備えて適当に（ セ ）な会計処理をしなければならない。

（7） （ ソ ）提出のため，信用目的のため，（ タ ）目的のため等種々の目的のために異なる形式の（ チ ）を作成する必要がある場合，それらの内容は，信頼しうる（ ツ ）に基づいて作成されたものであって，政策の考慮のために事実の（ テ ）な表示をゆがめてはならない。

（8） 企業会計は，定められた会計処理の方法に従って（ ト ）な計算を行うべきものであるが，企業会計が目的とするところは，企業の財務内容を明らかにし，企業の状況に関する（ ナ ）の判断を誤らせないようにすることにあるから，（ ニ ）の乏しいものについては，

本来の厳密な会計処理によらないで他の（　ヌ　）な方法によること
も（　ネ　）に従った処理として認められる。

（9）　財務諸表には，重要な（　ノ　）を注記しなければならない。（　ノ　）
とは，企業が損益計算書及び貸借対照表の作成に当たって，その（
ハ　）及び（　ヒ　）を正しく示すために採用した会計処理の原則及
び手続並びに（　フ　）の方法をいう。

（10）　財務諸表には，損益計算書及び貸借対照表を作成する日までに発生
した重要な（　ヘ　）を（　ホ　）しなければならない。（　ヘ　）と
は，（　マ　）後に発生した事象で，次期以後の財政状態及び経営成績
に影響を及ぼすものをいう。

（11）　企業が選択した会計処理の原則及び手続を毎期継続して適用しない
ときは，同一の（　ミ　）について異なる（　ム　）が算出されるこ
とになり，財務諸表の（　メ　）を困難ならしめ，この結果，企業の
財務内容に関する（　モ　）の判断を誤らしめることになる。従って，
いったん採用した会計処理の原則又は手続は，（　ヤ　）により変更を
行う場合を除き，（　ユ　）を作成する各時期を通じて継続して適用し
なければならない。なお，正当な理由によって，会計処理の原則又は
手続に重要な変更を加えたときは，これを当該財務諸表に（　ヨ　）
しなければならない。

（12）　企業会計は，予測される（　ラ　）の危険に備えて慎重な判断に基
づく会計処理を行わなければならないが，過度に（　リ　）な会計処
理を行うことにより，企業の財政状態及び経営成績の（　ル　）な報
告をゆがめてはならない。

（13）　（　レ　）は，企業の（　ロ　）を明らかにするため，（　ワ　）に
属するすべての収益とこれに対応するすべての費用とを記載して経常
利益を表示し，これに特別損益に属する項目を加減して（　ヲ　）を
表示しなければならない。すべての費用及び収益は，その支出及び収
入に基づいて計上し，その発生した期間に正しく割当てられるように
処理しなければならない。ただし，（　ン　）は，原則として，当期の
損益計算に計上してはならない。

（14）　費用及び収益は，（　Ａ　）によって記載することを原則とし，費用

の項目と収益の項目とを直接に（　B　）することによってその全部又は一部を損益計算書から除去してはならない。費用及び収益は，その（　C　）に従って明瞭に（　D　）し，各収益項目とそれに関連する費用項目とを損益計算書に（　E　）しなければならない。

(15)　（　F　）は，企業の（　G　）を明らかにするため，（　H　）におけるすべての資産，負債及び資本を記載し，株主，債権者その他の（　I　）にこれを正しく表示するものでなければならない。ただし，正規の簿記の原則に従って処理された場合に生じた（　J　）資産及び（　J　）負債は，貸借対照表の記載外におくことができる。

(16)　（　K　）の特定の費用又は損失であって，その発生が当期以前の（　L　）に起因し，発生の（　M　）が高く，かつ，その金額を（　N　）に見積ることができる場合には，当期の負担に属する金額を当期の費用又は損失として（　O　）に繰入れ，当該（　O　）の残高を貸借対照表の（　P　）の部又は資産の部に記載するものとする。発生の（　M　）の低い（　Q　）に係る費用又は損失については，（　O　）を計上することはできない。

(17)　受取手形，売掛金，前払金，支払手形，買掛金，前受金等の当該企業の主目的たる営業取引により発生した債権及び債務は，（　R　）又は（　S　）に属するものとする。ただし，これらの債権のうち，破産債権，更生債権及びこれに準ずる債権で一年以内に回収されないことが明らかなものは，固定資産たる（　T　）に属するものとする。

(18)　資産の取得原価は，資産の種類に応じた（　U　）によって，各事業年度に配分しなければならない。

(19)　有形固定資産については，その取得原価から（　V　）を控除した価額をもって貸借対照表価額とする。有形固定資産の取得原価には，原則として当該資産の取引費用等の付随費用を（　W　）。

(1)	（ア）：財政状態　（イ）：経営成績　（ウ）：真実
(2)	（エ）：正規の簿記の原則　（オ）：会計帳簿
(3)	（カ）：資本取引　（キ）：損益取引
(4)	（ク）：利害関係者　（ケ）：判断
(5)	（コ）：原則　（サ）：手続　（シ）：継続
(6)	（ス）：不利　（セ）：健全
(7)	（ソ）：株主総会　（タ）：租税　（チ）：財務諸表 （ツ）：会計記録　（テ）：真実
(8)	（ト）：正確　（ナ）：利害関係者　（ニ）：重要性 （ヌ）：簡便　（ネ）：正規の簿記の原則
(9)	（ノ）：会計方針　（ハ）：財政状態　（ヒ）：経営成績　（フ）：表示
(10)	（ヘ）：後発事象　（ホ）：注記　（マ）：貸借対照表日
(11)	（ミ）：会計事実　（ム）：利益額　（メ）：期間比較 （モ）：利害関係者　（ヤ）：正当な理由 （ユ）：財務諸表　（ヨ）：注記
(12)	（ラ）：将来　（リ）：保守的　（ル）：真実
(13)	（レ）：損益計算書　（ロ）：経営成績　（ワ）：一会計期間 （ヲ）：当期純利益　（ン）：未実現収益
(14)	（A）：総額　（B）：相殺　（C）：発生源泉 （D）：分類　（E）：対応表示
(15)	（F）：貸借対照表　（G）：財政状態　（H）：貸借対照表日 （I）：利害関係者　（J）：簿外
(16)	（K）：将来　（L）：事象　（M）：可能性　（N）：合理的 （O）：引当金　（P）：負債　（Q）：偶発事象
(17)	（R）：流動資産　（S）：流動負債　（T）：投資その他の資産
(18)	（U）：費用配分の原則
(19)	（V）：減価償却累計額　（W）：含める

26 総合問題(個別財務諸表)

□□ 問題 北海道株式会社の第28期(X1年4月1日～X2年3月31日)末の[資料1]決算整理前残高試算表,[資料2]検討事項及び[資料3]決算整理事項にもとづき,(1)貸借対照表,(2)損益計算書を完成しなさい。

[資料1] 決算整理前残高試算表

残高試算表
X2年3月31日 (単位:千円)

借 方 科 目	金 額	貸 方 科 目	金 額
現 金	8,270	支 払 手 形	398,630
当 座 預 金	472,460	買 掛 金	367,250
受 取 手 形	357,900	仮 受 金	205,370
売 掛 金	373,600	退職給付引当金	269,180
有 価 証 券	186,000	貸 倒 引 当 金	2,410
繰 越 商 品	121,820	建物減価償却累計額	2,121,000
仮 払 金	127,140	備品減価償却累計額	165,000
建 物	2,520,000	資 本 金	400,000
備 品	660,000	資 本 準 備 金	193,000
ソ フ ト ウ ェ ア	16,500	利 益 準 備 金	52,000
仕 入	1,217,330	別 途 積 立 金	284,300
給 料	254,810	繰越利益剰余金	116,660
広 告 宣 伝 費	106,390	売 上	1,971,300
保 険 料	75,600	有 価 証 券 利 息	2,800
水 道 光 熱 費	52,180	受 取 配 当 金	1,100
	6,550,000		6,550,000

[資料2] 検討事項

1. 決算整理に先立ち,当座預金勘定残高と取引銀行の残高証明書との不一致が判明した。不一致の原因を調べたところ,次の事実が判明した。

　　仕入先へ買掛金540千円を支払うために振り出した小切手が未取付であった。

広告宣伝費2,200千円を支払うために振り出した小切手が手渡されず，金庫に保管されたままであった。

2．仮払金の内訳は，次のとおりである。

消費税の仮払額	97,110千円
法人税等の中間納付額	15,400千円
退職者に対する退職一時金の支払額	14,630千円

3．仮受金の内訳は，次のとおりである。

消費税の仮受額	203,870千円
得意先からの売掛金の回収	1,500千円

4．当社は，消費税の処理方法として税抜方式によっている。本日，消費税の整理を行う。

［資料3］決算整理事項

1．売上債権の期末残高に対して，1.2％の貸倒引当金を見積もる（差額補充法によること）。

2．有価証券勘定の内訳は，次のとおりである。

銘　　柄	保有株(口)数	取得原価	期末時価	保有目的
A社社債	1,000千口	98円／口	98円／口	満期保有(注1)
B社株式	16,000株	5.5千円／株	5.7千円／株	その他(注2)

(注1)　X1年4月1日に額面100円につき98円で取得したもので，券面利率年2.8％（なお，当期分に関する処理は適切に行われている），償還期限はX6年3月31日である。取得原価と額面金額の差額は金利の調整と認められるため，償却原価法（定額法）を適用する。

(注2)　全部純資産直入法を適用する。法定実効税率30％とした税効果会計を適用する。

3．期末商品棚卸高は，次のとおりである。なお，商品評価損は売上原価の内訳項目とし，棚卸減耗費は営業外費用に計上する。

帳簿棚卸数量	1,440個	取得原価	80千円／個
実地棚卸数量	1,415個	正味売却価額	78千円／個

4．有形固定資産の減価償却を行う（残存価額はゼロとする）。

建　　　物	定額法	耐用年数30年	
備　　　品	200％定率法	償却率0.250	

5．ソフトウェアは，X0年11月1日に自社利用目的で購入したものであり，有効期間5年で，定額法により償却している。

6. 退職給付は内部引当方式によっているが，退職給付引当金の当期繰入額は16,870千円である。

7. 保険料は，X1年12月1日に向こう3年分を支払ったものである。

8. 当期の法人税等29,500千円を計上する。

解答・解説

検討事項と決算整理事項の仕訳は，ユニット16を参照すること。

貸 借 対 照 表

北海道㈱　　　　　　　　　　　X2年3月31日　　　　　　　　（単位：千円）

資産の部	金	額	負債・純資産の部	金	額
流 動 資 産			流 動 負 債		
現 金 預 金		（ 482,930）	支 払 手 形		398,630
受 取 手 形	357,900		買 掛 金		（ 367,250）
売 掛 金	（ 372,100）		（未 払 金）		（ 2,200）
貸 倒 引 当 金	（ △8,760）	（ 721,240）	未 払 法 人 税 等		（ 14,100）
商 品		（ 110,370）	未 払 消 費 税		（ 106,760）
前 払 費 用		（ 25,200）	流動負債合計		（ 888,940）
流動資産合計		（ 1,339,740）	固 定 負 債		
固 定 資 産			（繰延税金負債）		（ 960）
有形固定資産			退職給付引当金		（ 271,420）
建 物	2,520,000		固定負債合計		（ 272,380）
減価償却累計額	（△2,205,000）	（ 315,000）	負 債 合 計		（ 1,161,320）
備 品	660,000		株 主 資 本		
減価償却累計額	（ △288,750）	（ 371,250）	資 本 金		400,000
有形固定資産合計		（ 686,250）	資 本 剰 余 金		
無形固定資産			資 本 準 備 金		193,000
ソフトウェア		（ 12,900）	利 益 剰 余 金		
無形固定資産合計		（ 12,900）	利 益 準 備 金		52,000
投資その他の資産			別 途 積 立 金		284,300
投資有価証券		（ 189,600）	繰越利益剰余金		（ 177,630）
（長期前払費用）		（ 42,000）	利益剰余金合計		（ 513,930）
投資その他の資産合計		（ 231,600）	株主資本合計		（ 1,106,930）
固定資産合計		（ 930,750）	評価・換算差額等		
			1　その他有価証券評価差額金		（ 2,240）
			純 資 産 合 計		（ 1,109,170）
資 産 合 計		（ 2,270,490）	負債・純資産合計		（ 2,270,490）

現金預金：8,270千円 + 472,460千円 + 2,200千円 = 482,930千円
　　　　　 現金　　　　　　 当座預金

投資有価証券：98,000千円 + 400千円 + 88,000千円 + 3,200千円 = 189,600千円
　　　　　　　 満期保有目的債券　　　　　 その他有価証券

繰越利益剰余金：116,660千円 + 60,970千円 = 177,630千円
　　　　　　　 前T/Bより　　 当期純利益

損　益　計　算　書

北海道㈱	X1年4月1日～X2年3月31日		(単位：千円)
売　上　高			1,971,300
売　上　原　価			
期首商品棚卸高	121,820		
当期商品仕入高	1,217,330		
合　　計	1,339,150		
期末商品棚卸高	(115,200)		
差　　引	(1,223,950)		
（商品評価損）	(2,830)	(1,226,780)	
売上総利益		(744,520)	
販売費及び一般管理費			
給　　料	254,810		
広　告　宣　伝　費	(106,390)		
貸倒引当金繰入	(6,350)		
退職給付費用	(16,870)		
保　険　料	(8,400)		
減価償却費	(207,750)		
水　道　光　熱　費	52,180		
（ソフトウェア償却）	(3,600)	(656,350)	
営　業　利　益		(88,170)	
営　業　外　収　益			
有価証券利息	(3,200)		
受　取　配　当　金	1,100	(4,300)	
営　業　外　費　用			
（棚卸減耗費）	(2,000)	(2,000)	
税引前当期純利益		(90,470)	
法　人　税　等		(29,500)	
当　期　純　利　益		(60,970)	

27 総合問題
（本支店会計・連結会計）

□□ 問題 **1** 　千葉商事株式会社は第20期（X 1 年 1 月 1 日～X 1 年12月31日）中に支店を開設し，支店の会計を本店の会計から独立させている。［資料1 ］決算整理前残高試算表，［資料2 ］未達事項等及び［資料3 ］決算整理事項等にもとづき，次の問に答えなさい。

［問1 ］　［資料2 ］未達事項等を仕訳しなさい。

［問2 ］　未達事項整理後の本店勘定と支店勘定の金額を求めなさい。

［問3 ］　本支店合併後の貸借対照表を完成させなさい。

［資料1 ］　決算整理前残高試算表

残高試算表
X1年12月31日
（単位：円）

借方科目	本店	支店	貸方科目	本店	支店
現　　　　　金	780,000	120,000	買　　掛　　金	580,000	220,000
売　　掛　　金	840,000	260,000	貸 倒 引 当 金	20,000	10,000
繰　越　商　品	480,000	—	備品減価償却累計額	100,000	50,000
支　　　　　店	720,000	—	本　　　　　店	—	460,000
備　　　　　品	630,000	470,000	資　　本　　金	2,000,000	—
仕　　　　　入	850,000	250,000	売　　　　　上	1,600,000	360,000
	4,300,000	1,100,000		4,300,000	1,100,000

［資料2 ］　未達事項等

1 ．支店で回収した本店の売掛金80,000円が，本店に未達である。

2 ．本店が支払った支店の買掛金100,000円が，支店に未達である。

3 ．本店から支店に送った商品200,000円が，支店に未達である。

4 ．支店から本店に送付した現金40,000円が，本店に未達である。

106

［資料３］　決算整理事項等

1．期末商品棚卸高

　本店600,000円　支店300,000円（未達商品は含まれていない）

2．売掛金の期末残高に対して，2.0％の貸倒引当金を見積る（差額補充法によること）。

3．本支店共に有形固定資産の減価償却を行う（残存価額はゼロ，過年度の償却計算は正しく行われている）。　備品：定額法，耐用年数５年

□□　問題　2　P社は，X１年３月31日に，S社の発行済株式の全部を取得し支配した。X１年３月31日におけるP社・S社の貸借対照表は次のとおり。

<table>
<tr><td colspan="4">P社　貸借対照表</td></tr>
<tr><td colspan="2">X1年3月31日</td><td colspan="2">（単位：千円）</td></tr>
<tr><td>諸　資　産</td><td>1,800,000</td><td>諸　負　債</td><td>700,000</td></tr>
<tr><td></td><td></td><td>資　本　金</td><td>500,000</td></tr>
<tr><td></td><td></td><td>利益剰余金</td><td>600,000</td></tr>
<tr><td></td><td>1,800,000</td><td></td><td>1,800,000</td></tr>
</table>

<table>
<tr><td colspan="4">S社　貸借対照表</td></tr>
<tr><td colspan="2">X1年3月31日</td><td colspan="2">（単位：千円）</td></tr>
<tr><td>諸　資　産</td><td>900,000</td><td>諸　負　債</td><td>400,000</td></tr>
<tr><td></td><td></td><td>資　本　金</td><td>300,000</td></tr>
<tr><td></td><td></td><td>利益剰余金</td><td>200,000</td></tr>
<tr><td></td><td>900,000</td><td></td><td>900,000</td></tr>
</table>

　なお，P社・S社ともに会計期間は４月１日から３月31日までであり，X１年３月31日においてS社の諸資産および諸負債の時価は帳簿価額に等しいものとする。また，S社株式は諸資産に含まれている。

（1）（資料）において，P社がS社の発行済株式の全部を550,000千円で取得した場合の連結貸借対照表を作成しなさい。

（2）（資料）において，P社がS社の発行済株式の全部を450,000千円で取得した場合の連結貸借対照表を作成しなさい。

解答・解説

問題 1

[問1]

	借方科目	金額	貸方科目	金額
1.	支　　　　店	80,000	売　掛　金	80,000
2.	買　掛　金	100,000	本　　　店	100,000
3.	仕　　　　入	200,000	本　　　店	200,000
4.	現　　　　金	40,000	支　　　店	40,000

[問2]　760,000円

[問3]

貸借対照表

千葉商事株式会社　　　　　　　X1年12月31日　　　　　　　（単位：円）

資産	金額		負債および純資産	金額
現　　　　金		940,000	買　　掛　　金	700,000
売　　掛　　金	1,020,000		資　　本　　金	2,000,000
貸倒引当金	20,400	999,600	当　期　純　利　益	1,069,600
商　　　　品		1,100,000		
備　　　　品	1,100,000			
減価償却累計額	370,000	730,000		
		3,769,600		3,769,600

次の計算結果から貸借対照表を作成できる。

現金	本店780,000円＋支店120,000円＋未達現金40,000円＝940,000円
売掛金	本店840,000円＋支店260,000円−未達事項80,000円＝1,020,000円
貸倒引当金	1,020,000円×2%＝20,400

108

商品	本店期末商品600,000円+支店期末商品300,000円+未達商品200,000円=1,100,000円
備品	本店630,000円+支店470,000円=1,100,000円
減価償却累計額	本店100,000円+支店50,000円+当期減価償却費220,000円=370,000円
当期減価償却費	本店630,000円÷5年=126,000円 ⎱ 220,000円 支店470,000円÷5年=94,000円 ⎰
買掛金	本店580,000円+支店220,000−未達事項100,000=700,000円

問題 2 ....

（1）   （2）

P社　貸借対照表
X1年3月31日　　（単位：千円）

諸 資 産	2,150,000	諸 負 債	1,100,000
の れ ん	50,000	資 本 金	500,000
		利益剰余金	600,000
	2,200,000		2,200,000

S社　貸借対照表
X1年3月31日　　（単位：千円）

諸 資 産	2,250,000	諸 負 債	1,100,000
		資 本 金	500,000
		利益剰余金	650,000
	2,250,000		2,250,000

　連結修正仕訳を行い連結貸借対照表を作成する。なお，ここでは「S社株式」勘定を用いて仕訳を示す。負ののれん発生益は利益剰余金に振り替える。

	借方科目	金額	貸方科目	金額
(1)	資 本 金	300,000	S 社 株 式	550,000
	利 益 剰 余 金	200,000		
	の れ ん	50,000		
(2)	資 本 金	300,000	S 社 株 式	450,000
	利 益 剰 余 金	200,000	負ののれん発生益	50,000

学習の記録 ▶

28 模擬試験問題

第1問　次の企業会計原則及び同注解の文章の（　ア　）から（　コ　）の中にあてはまる語を下の語群から選び，その番号を書きなさい。

1．企業会計は，すべての（　ア　）につき，（　イ　）の原則に従って，（　ウ　）な（　エ　）を作成しなければならない。

2．企業会計は，予測される将来の（　オ　）に備えて，（　カ　）な判断に基づく会計処理を行わなければならないが，（　キ　）に（　ク　）な会計処理を行うことにより，企業の（　ケ　）及び経営成績の（　コ　）な報告をゆがめてはならない。

1	真　　　実	2	慎　　　重	3	重　　　要	4	会 計 帳 簿	5	明　　　瞭
6	保 守 的	7	取　　　引	8	財 務 諸 表	9	適　　　切	10	危　　　険
11	有　　　利	12	不　　　利	13	正規の簿記	14	客 観 的	15	財 政 状 態
16	正　　　確	17	利害関係者	18	財 務 内 容	19	過　　　度	20	監 査 手 続

第2問　次の取引を仕訳しなさい。仕訳が不要の場合には，借方科目欄に「仕訳なし」と記入すること。ただし，勘定科目は，以下より最も適当なものを選ぶこと。

現　　　　　金	普 通 預 金	売　　掛　　金	売買目的有価証券
前　払　　金	未　収　　金	建　　　　　物	備　　　　　品
リ ー ス 資 産	その他有価証券	前　受　　金	未　払　　金
資 産 除 去 債 務	リ ー ス 負 債	社　　　　　債	資　本　　金
資 本 準 備 金	資本準備金減少差益	利 益 準 備 金	繰越利益剰余金
売　　　　　上	有 価 証 券 利 息	有価証券売却益	資 産 除 去 費 用
減 価 償 却 費	有価証券売却損	支 払 リ ー ス 料	支　払　利　息
本　　　　　店	福 島 支 店	仙 台 支 店	損　　　　　益

1．米国のＡ社から注文を受けていた商品 $10,000 を発送した。代金は，注文時に受け取っていた手付金 $3,000 を除いた残額を掛けとした。なお，手

110

付金受取時の為替相場は＄1あたり¥130，商品発送時の為替相場は＄1
あたり¥135である。

2．建物（取得原価：¥5,000,000，耐用年数10年）を取得し，代金は普通
預金口座から振り込んだ（取得と同時に使用を開始した）。なお，当該建
物を除去する法的義務を負っており，除去するための支出は¥800,000
（現在価値は¥500,000）と見積もられる。

3．X5年6月30日に，売買目的でB社社債（額面¥2,000,000，発行日X4
年4月1日，償還期限5年，利率年3％，利払日は毎年3月末と9月末）
を額面¥100あたり¥96で購入し，代金は売買手数料¥10,000および端数
利息（月割計算）とともに普通預金口座から振り込んだ。

4．当社は複数の支店を開設しており，本日福島支店から仙台支店へ商品
（原価：¥500,000，売価：¥800,000）を送付した。本店の仕訳を示しな
さい。なお，当社では支店分散計算制度を採用している。

5．当期首に，以下の条件によってリース契約（所有権移転ファイナンス・
リース）を締結した。利子抜き法によって，契約締結時の仕訳を示しな
さい。

　　　リース期間：5年　　　リース物件の耐用年数：6年

　　　リース料：年額¥500,000（期末払い）　　　見積現金購入価額：¥2,700,000

6．当社は，株主総会の特別決議により，欠損¥3,000,000をてん補するた
めに，資本準備金¥4,000,000を減少することとした。

第3問　次の資料にもとづいて，（1）ROE（自己資本当期純利益率），（2）
ROA（総資産経常利益率），（3）流動比率，（4）自己資本比率を求め
なさい。なお，計算上用いる資料は下記決算資料のみとし，解答上端数
が生じた場合は，％の小数第1位未満を四捨五入して小数第1位まで示
すこと。

（単位：千円）

資産合計額：100,000（内訳　現金預金：18,200　売上債権：17,200

有価証券：6,800　棚卸資産：22,100　短期貸付金：5,200　固定資産合計額：
30,500）　流動負債合計額：27,800　　固定負債合計額：32,200

売上高：118,200　　売上原価：75,200　　販売費及び一般管理費：17,200

営業外収益：8,100　　営業外費用：7,300　　特別利益：3,700
特別損失：4,700　　法人税等：16,000

第4問　P株式会社は，X6年3月31日にS株式会社の発行済議決権株式総数の70％を29,000千円で取得し，支配を獲得した。支配獲得時のP株式会社（親会社）とS株式会社（子会社）の貸借対照表は，次のとおりである。同日におけるP株式会社の資産及び負債の時価は，帳簿価額と同じであったが，S株式会社の資産のうち，土地の時価は28,000千円（帳簿価額は25,000千円）であり，それ以外の資産及び負債の時価は帳簿価額と同じであった。よって，支配獲得時の連結精算表を完成しなさい。なお，税効果会計は考慮外とする。

貸借対照表
X6年3月31日
（単位：千円）

資産		P株式会社	S株式会社	負債・純資産	P株式会社	S株式会社
諸　資　産		71,000	65,000	諸　　負　　債	28,000	35,000
子 会 社 株 式		29,000		資　　本　　金	50,000	25,000
				資 本 剰 余 金	12,000	3,000
				利 益 剰 余 金	10,000	2,000
資　産　合　計		100,000	65,000	負債・純資産合計	100,000	65,000

第5問　房総総合商事株式会社の第15期（X1年4月1日〜X2年3月31日）末の［資料1］決算整理前残高試算表，［資料2］検討事項および［資料3］決算整理事項にもとづき，（1）貸借対照表を完成し，（2）損益計算書を完成しなさい。

［資料1］　決算整理前残高試算表

残 高 試 算 表
X2年3月31日　　　　　　　　　（単位：千円）

借 方 科 目	金 額	貸 方 科 目	金 額
現　　　　　　金	118,300	買　　掛　　金	37,000
当　座　預　金	63,500	未　　払　　金	18,000
受　取　手　形	54,900	仮　　受　　金	228,000
売　　掛　　金	47,100	退職給付引当金	62,000
有　価　証　券	182,000	貸　倒　引　当　金	500
繰　越　商　品	384,000	建物減価償却累計額	65,000
仮　　払　　金	118,800	備品減価償却累計額	50,000
建　　　　　物	300,000	資　　本　　金	500,000
備　　　　　品	100,000	資　本　準　備　金	50,000
仕　　　　　入	748,000	繰　越　利　益　剰　余　金	150,000
給　　　　　料	254,000	売　　　　　上	1,280,000
広　告　宣　伝　費	25,000	受　取　手　数　料	9,300
水　道　光　熱　費	39,000	有　価　証　券　利　息	2,000
保　　険　　料	7,200		
開　　発　　費	10,000		
	2,451,800		2,451,800

［資料2］　検討事項

1．決算整理に先立ち，当座預金勘定残高と取引銀行の残高証明書との不一致が判明した。不一致の原因を調べたところ，次の事実が判明した。

仕入先へ買掛金1,000千円を支払うために振り出した小切手が取付けられていなかった。

得意先から売掛金2,000千円が当座預金口座に振り込まれていたが，当社に未通知であった。

2．仮払金の内訳は，次のとおりである。

消費税の仮払額	74,800千円
法人税等の中間納付額	32,000千円
退職者に対する退職一時金の支払額	12,000千円

3．仮受金の内訳は，次のとおりである。

消費税の仮受額	128,000千円
株式払込金	100,000千円

払込期日をＸ２年３月31日とする公募増資を行い，新株500株を１
　　株につき200千円で発行した。払込金額のうち会社法で定められた最
　　低額を資本金とする。
　　消費税（税抜方式）の整理を行う。

[資料３]　決算整理事項

1．売上債権の期末残高に対して，２％の貸倒引当金を見積もる（差額補
　充法によること）。

2．有価証券勘定の内訳は，次のとおりである。下記以外に当期において
　売買した有価証券はない。

銘柄	保有株(口)数	取得原価	期末時価	保有目的
L社株式	100千株	@760円	@785円	売買目的
M社社債	500千口	@98円	@97円	売買目的(注1)
N社株式	200千株	@285円	@310円	取引関係の維持(注2)

（注1）　当期首に取得したもので，券面利率年４％（利払日は毎年３月31日），償還期限
　　　　はＸ６年３月31日である。取得原価と額面金額の差額は金利の調整と認められる。
（注2）　全部純資産直入法を適用する。法定実効税率30％とした税効果会計を適用する。

3．期末商品棚卸高は，次のとおりである。なお，棚卸減耗費，商品評価
　損ともに売上原価の内訳項目とする。

種類	期末数量		取得原価	正味売却価額
	帳簿棚卸数量	実地棚卸数量		
商品Ｘ	1,000個	970個	@250千円	@240千円
商品Ｙ	300個	290個	@500千円	@580千円

4．有形固定資産の減価償却を行う（残存価額はゼロとし，過年度の償却
　計算は正しく行われている）。

　　建　　　物　　定　額　法　　　　　耐用年数30年
　　備　　　品　　200％定率法　　　　償却率0.5

5．繰延開発費は，Ｘ１年10月１日に市場開発目的支出したものであり，定
　額法（償却期間５年）により償却している。

6．保険料は，Ｘ２年１月１日に向こう３年分を支払ったものである。

7．退職給付は内部積立方式によっており，退職給付引当金の当期繰入額
　は8,000千円である。

8．当期の法人税等52,500千円を計上する。

解答・解説

第1問 (@2点×10＝20点)

ア	イ	ウ	エ	オ	カ	キ	ク	ケ	コ
7	13	16	4	10	2	19	6	15	1

第2問 (@4点×6＝24点)

	借方科目	金額	貸方科目	金額
1.	前　受　金 売　掛　金	390,000 945,000	売　　　　　上	1,335,000
2.	建　　　　物	5,500,000	普　通　預　金 資 産 除 去 債 務	5,000,000 500,000
3.	売買目的有価証券 有 価 証 券 利 息	1,930,000 15,000	普　通　預　金	1,945,000
4.	仕　訳　な　し			
5.	リ ー ス 資 産	2,700,000	リ ー ス 負 債	2,700,000
6.	資 本 準 備 金	4,000,000	繰越利益剰余金 資本準備金減少差益	3,000,000 1,000,000

第3問 (10点：(1)・(2)：各3点, (3)・(4)：各2点)

(1)　24.0%　　　(2)　26.6%　　　(3)　250%　　　(4)　40.0%

第4問 (@2点×5＝10点)

連結精算表
X1年3月31日

(単位：千円)

勘定科目	P株式会社 借方	P株式会社 貸方	S株式会社 借方	S株式会社 貸方	修正消去 借方	修正消去 貸方	連結貸借対照表 借方	連結貸借対照表 貸方
諸　資　産	71,000		65,000		3,000		●139,000	
子 会 社 株 式	29,000					29,000	0	
●(の れ ん)					5,900		5,900	
諸　負　債		28,000		35,000				63,000
資　本　金		50,000		25,000	25,000			●50,000
資 本 剰 余 金		12,000		3,000	3,000			12,000
利 益 剰 余 金		10,000		2,000	2,000			10,000
●評 価 差 額					3,000	3,000		0
●(非支配株主持分)						9,900		9,900
	100,000	100,000	65,000	65,000	41,900	41,900	144,900	144,900

115

第5問（○2点×18＝36点：○は金額のみ正解で2点，—○—は勘定・金額完答で2点）

貸 借 対 照 表

房総総合商事㈱　　　　　　　　　　　X2年3月31日　　　　　　　　　　　（単位：千円）

資産の部	金　額		負債の部	金　額
流 動 資 産			流 動 負 債	
現 金 預 金		183,800	買 掛 金	37,000
受 取 手 形	54,900		未 払 金	18,000
売 掛 金	45,100		未 払 法 人 税 等	20,500
貸 倒 引 当 金	△2,000	○　98,000	未 払 消 費 税	53,200
商 品		○　377,800	流動負債合計	128,700
(有 価 証 券)—○—		127,000	固 定 負 債	
前 払 費 用		2,400	退職給付引当金	○　58,000
流動資産合計		789,000	繰延税金負債	○　1,500
固 定 資 産			固定負債合計	59,500
有形固定資産			負 債 合 計	188,200
建 物	300,000		純資産の部	
減価償却累計額	△75,000	○　225,000	株 主 資 本	
備 品	100,000		資 本 金	550,000
減価償却累計額	△75,000	○　25,000	資 本 剰 余 金	
有形固定資産合計		250,000	資 本 準 備 金	○　100,000
投資その他の資産			利 益 剰 余 金	
投 資 有 価 証 券		○　62,000	繰越利益剰余金	272,500
(長期前払費用)—○—		4,200	株主資本合計	922,500
投資その他の資産合計		66,200	評価・換算差額等	
固定資産合計		316,200	その他有価証券評価差額金	3,500
繰 延 資 産			評価・換算差額等合計	3,500
繰 延 開 発 費		9,000	純 資 産 合 計	926,000
繰延資産合計		9,000		
資 産 合 計		1,114,200	負債・純資産合計	1,114,200

損　益　計　算　書

房総総合商事㈱　　X1年4月1日～X2年3月31日　　　　　　　　　（単位：千円）

売　上　高			1,280,000
売　上　原　価			
期 首 商 品 棚 卸 高		384,000	
当 期 商 品 仕 入 高		748,000	
合　　　　計		1,132,000	
期 末 商 品 棚 卸 高	○	400,000	
差　　　　引		732,000	
棚 卸 減 耗 損		12,500	
（商 品 評 価 損）―○―		9,700	754,200
売 上 総 利 益		○	525,800
販売費及び一般管理費			
給　　　　　料		254,000	
広 告 宣 伝 費		25,000	
水 道 光 熱 費		39,000	
保　険　料		600	
貸 倒 引 当 金 繰 入	○	1,500	
減 価 償 却 費		35,000	
退 職 給 付 費 用	○	8,000	
（開　　発　　費）―○―		1,000	364,100
営 業 利 益			161,700
営　業　外　収　益			
受 取 手 数 料		9,300	
有 価 証 券 利 息		2,000	
有 価 証 券 運 用 損 益	○	2,000	13,300
税引前当期純利益			175,000
法 人 税 等	○		52,500
当 期 純 利 益			122,500

＜監修者紹介＞

佐藤　信彦 （さとう・のぶひこ）

熊本学園大学大学院教授　全国経理教育協会簿記上級審査会会長

明治大学大学院商学研究科博士課程単位取得。市邨学園短期大学，日本大学，明治大学を経て現職。公認会計士試験委員，税理士試験委員，日本簿記学会会長，日本会計研究学会理事を歴任。現在，日本簿記学会顧問，税務会計研究学会副会長，日本会計教育学会副会長，日本学術会議連携会員，経営関連学会協議会副理事長など。

主要著書に，『リース会計基準の論理』（共編著，税務経理協会），『業績報告と包括利益』（編著，白桃書房），『国際会計基準制度化論（第2版）』（編著，白桃書房），『スタンダードテキスト財務会計論Ⅰ・Ⅱ』（編集代表，中央経済社），『税理士試験　財務諸表論の要点整理』（中央経済社），『全経簿記上級　商業簿記・財務会計テキスト（第9版）』（共編，中央経済社）など。

＜編著者紹介＞

小野　正芳 （おの・まさよし）

日本大学商学部教授　博士（経済学）千葉大学

千葉大学大学院社会文化科学研究科修了。千葉経済大学経済学部専任講師，准教授，教授を経て現職。主要著書に『27業種　簿記・会計の処理と表示』（編著，中央経済社），『スタートアップ会計学（第3版）』（共編著，同文舘出版），『現場で使える簿記・会計』（分担執筆，中央経済社）など。

全経簿記能力検定試験標準問題集　1級商業簿記・財務会計

2024年4月10日　第1版第1刷発行

監　修	佐　藤　信　彦		
編著者	小　野　正　芳		
発行者	山　本　　　継		
発行所	㈱中央経済社		
発売元	㈱中央経済グループ　パブリッシング		

〒101-0051　東京都千代田区神田神保町1-35
電話　03 (3293) 3371 (編集代表)
03 (3293) 3381 (営業代表)
https://www.chuokeizai.co.jp
印刷／文唱堂印刷㈱
製本／(有)井上製本所

©2024
Printed in Japan

＊頁の「欠落」や「順序違い」などがありましたらお取り替えいた
しますので発売元までご送付ください。(送料小社負担)
ISBN978-4-502-49201-3　C2334